棒球、手球

——竞技与智慧的结合

盛文林/著

台海出版社

图书在版编目（CIP）数据

棒球、手球：竞技与智慧的结合／盛文林著. －－北京：

台海出版社，2014.7

（全民阅读体育知识读本）

ISBN 978－7－5168－0433－9

Ⅰ.①棒… Ⅱ.①盛… Ⅲ.①棒球运动－基本知识②手球

运动－基本知识 Ⅳ.①G848.1②G844

中国版本图书馆 CIP 数据核字（2014）第 174925 号

棒球、手球：竞技与智慧的结合

著　　者：盛文林

责任编辑：王　萍　　　　　　　装帧设计：视界创意

版式设计：林　兰　　　　　　　责任印制：蔡　旭

出版发行：台海出版社

地　　址：北京市朝阳区劲松南路 1 号　邮政编码：100021

电　　话：010－64041652（发行，邮购）

传　　真：010－84045799（总编室）

网　　址：www.taimeng.org.cn/thcbs/default.htm

E－mail：thcbs@126.com

经　　销：全国各地新华书店

印　　刷：北京一鑫印务有限公司

本书如有破损、缺页、装订错误，请与本社联系调换

开　　本：655×960　　　1/16

字　　数：130 千字　　　　　　印　　张：12

版　　次：2014 年 10 月第 1 版　　印　　次：2021 年 6 月第 3 次印刷

书　　号：ISBN 978－7－5168－0433－9

定　　价：29.60 元

版权所有　翻印必究

前　言

在中国，棒球和手球均是相对冷门的项目。然而，棒球在美国、日本等地却十分流行，手球在欧洲国家，如法国、意大利、丹麦等国也风靡城乡。这两项集智慧、力量、技巧于一身的项目被体育界誉为"竞技与智慧的结合"。

棒球是一项集体性、对抗性很强的球类运动项目，被美国、日本两国誉为"国球"。棒球比赛法定比赛人数最少为9人，与其近似的运动项目为垒球。棒球球员分为攻、守两方，利用球棒和手套，在一个扇形的棒球场里进行比赛。比赛中，两队交替进攻：当进攻球员成功跑回本垒，就可得1分。9局中得分最高的一队就胜出。

手球运动介于足球和篮球之间，许多规则也和这两者相似。这项讲究集体协作的项目，能让人感受到赛场上拼搏的精神，团队间队友协作的友谊和自强不息、坚持到底的毅力。

随着人们生活水平的提高，对精神和健身的需求日益增加，必然会推动棒球和手球运动的普及。

目前，我国有几十所高校和上百所中小学已经开展了棒球运动。虽然推广这一运动依然面临着很多困难，但前途是光明的。专业队方面，我们重视与国际接轨，与美国职业棒球大联盟的基础合作成效显著。另外，针对棒球运动规则复杂难懂的特点，中国棒球协会还着力开发游戏软件，让人们在娱乐的过程中学会更多的棒球知识，以达到推广运动的目的。

和棒球运动一样，手球运动也在近年迎来了发展的春天。许多中小学都开展了手球课程。青少年学生们利用业余时间训练手球，不仅在赛场上展现了顽强拼搏的精神，学习上也有了很大的进步和提高。还有一些小球员们实现了出国的梦想，在欧洲大地上留下了年轻稚嫩的身影。

　　我们相信，在广大师生的努力下，棒球和手球运动在不久的将来也会像足球、篮球一样，成为体育爱好者，尤其是青少年追捧的运动。

目 录

PART 1　项目起源

棒球运动的起源

争论不休的发明权

顾名思义，棒球就是一种棒打球的运动方式。和大部分运动项目一样，棒球也起源于游戏。在古代的中国、希腊、埃及和罗马的文物、图像中都有关于棒球运动的记载。据说，在 12 世纪中期的法国和西班牙，有一种独特的风俗，在复活节庆祝的游戏：所有人都涌向大街，兴高采烈地各执一根棍棒，打一个球。

这种游戏传到英国并发展成"板凳球"，其形式类似现在的板球，它的名字是由游戏中使用的挤奶女工的小板凳而来的。经过一段年月，小板凳从一只增加到四只，攻守也轮流在各"垒"进行。经逐渐发展、演变，它被称做"圆场棒球"并成为流行于英国，受青少年所喜爱的一项球类运动。

有关这项运动的最早准确资料是数百年后的 1744 年出版的《袖珍小画册》刊印的一幅版画，绘有儿童玩棒球的场面。该书同时也提到了圆场棒球的概念。

　　早期到美洲定居的英国侨民也把圆场棒球、板球和器材设备带到了美洲。约在 18 世纪初，游戏者舍弃了老式的球棒和球，又把木桩埋在地上作为"垒"。游戏的方法是圆场棒球和板球的结合，并增加了游戏者们想出来的新技巧。

　　这种原始棒球在当时美洲殖民地的新英格兰地区很普及，但场地的形状和大小各不同。名称也很多，如"城堡球"（Town Ball）、"一只老猫"（One Old Cat）、"马萨诸塞球"（Massachusetts Game）、"门球"（Goal ball），也称"棒球"（Baseball）。

　　关于近代棒球运动起源于美国还是英国，长期以来都存在争议，19 世纪末期，争论逐渐高涨。被认为"棒球之父"的亨利·查德威克（Henry Chadwick）是棒球记录表的发明人。他曾表示，美国棒球是出自英国的圆场棒球，它传到美国后，变成了"城堡球"，再演变成棒球。他是这种演化的目击者，他在儿童时在英国看到过圆场棒球比赛，看到了从圆场棒球到城堡球，再到棒球的发展过程。也就是说，他的说法具有很强的可信性。

　　斯波尔丁（A. G. Spalding）是一位著名的运动用品商店的创始人、优秀投手和《棒球指南》的发行人。他则声称，棒球是美国人的发明。

　　那么，棒球到底是何人在何时何地发明的呢？1905 年，美国成立了棒球起源调查委员会并进行工作。1907 年，该调查委员会作出的调查结果是：棒球是由美国陆军军官阿布纳·道布尔戴（Abner Doubleday）将军于 1839 年在纽约州的库珀斯敦（Cooper stown）发明的。

　　这一结果虽被较普遍地接受，但仍有争议，因为还有另一种说法：阿布纳·道布尔戴是南北战争中联邦政府军的优秀战士，1839 年一直在西点军校而没有在库珀斯敦，从来没为棒球做过什么工作甚至没有看过棒球赛。

一些权威人士也对此表示否定，认为棒球是英国移民传到美国的，在英国圆场棒球的基础上发展起来，后来才逐渐成为美国的"国球"。

棒球运动的发源地

如今，坐落在美国纽约州中部，居民只有2300人的小村镇——库珀斯敦已经被棒球界人士公认为棒球运动发源地。因为库珀斯敦镇曾经发生过"一个委员会、一个破烂的棒球、一位慈善家和百周年纪念活动"四个事件。

"一个委员会"是指密尔斯委员会。1905年在棒球先驱斯波尔丁倡议下，由7位棒球界名人，其中包括一位来自纽约州，早在美国南北战争时期打过棒球的密尔斯上校，组成了一个专门探讨美国棒球起源问题的密尔斯委员会。

当时，有位著名的棒球作家叫亨利·查德威克（即上文中提到的"棒球之父"），他根据该委员会的调查写了一篇文章，认为棒球是由英国的圆球游戏演变而成的。然后在以后三年的探索中，听取了一位叫阿布纳·格雷夫斯的证词。

阿布纳·格雷夫斯是来自科罗拉多州丹佛市的煤矿工程师，他说他在库珀斯敦镇念书时对阿布纳·道布尔戴创造的"市镇球"加以改进，20～50名孩子在球场上防守用4英寸宽的平木板打出来的球。

格雷夫斯说，他当时就参加了这种游戏，他还看见道布尔戴用拐杖在地面上画出场地范围、安置垒位，形成早期投手、接手和棒球运动的概念。密尔斯委员会最后于1907年10月30日提出报告说："根据到目前为止所能了解到的最好证据，棒球比赛最早的设计人是纽约州库珀斯敦镇的阿布纳·道布尔戴。"

上文已经说过，密尔斯委员会的这一说法只是一家之言。关于棒球的发明权，至今仍有争议。

其次是一个破烂棒球。1932年，在距离库珀斯敦约5公里的纽约州富来溪交叉路口的农舍里，发现了一个沾满灰尘的皮箱。箱内有一只棒球，尺寸比现代棒球小些，已经变形，是手工制作的且球面已破开，填充物是棉布，而不是毛线和麻线，球面是缝合的，这个球很快就被认为是"道布尔戴棒球"。

其三是一位慈善家。那个破烂的棒球被发现后，不久就被住在库珀斯敦镇的一位慈善家史蒂芬·克拉克以5美元买走。他把这个球，还有当时所能收集到的纪念棒球的物品，陈列在当地俱乐部的一个房间里。

库珀斯敦镇上随处可见打棒球的青少年

这间陈列室是镇公所办公室，但是这个小小的陈列室却引起公众的极大兴趣。后来，得到美国职业棒球联盟总裁、全国棒联和全美棒联领导人的支持，终于在库珀斯敦镇建立起了全国棒球展览馆。

最后是棒球百周年纪念，1935年，美国棒球展览馆决定在1939年举行棒球百周年纪念活动。全国棒联主席福特·富历克建议，建立名人堂以表彰在棒球事业中作出突出贡献的人。1936年进行第一次提名，著名棒球人物泰·科普、贝贝·卢斯、洪纳斯·华格纳、克利斯蒂·马修逊和华尔德·约翰逊等入选名人堂。

1939年6月12日，库珀斯敦镇举行了规模宏大的棒球百周年纪念活动，正式命名这个展览馆为"全国棒球名人堂和展览馆"，当时进入名人堂的共25人。

这就是小小的库珀斯敦镇为什么成为美国棒球发源地的原因，尽管对此也有人提出疑问：如阿布纳·道布尔戴1839年一直住在西点军校，从来没有到过库珀斯敦镇；道布尔戴的日记里从未提及棒球等。

总之，有关美国棒球起源的问题，不管将来得出怎样的结论，它确实起源于那个时代的农村环境里，因此，把库珀斯敦镇作为棒球运动的起源地，人们是可以接受的。

美国的"国球"

据现有资料来看，棒球在1840年已经风靡美洲大陆了。当时，美国青少年大都很喜欢这项运动。1842年，纽约人草拟了一个棒球场地图，成年人也开始喜欢和从事这项游戏，并扶植它发展成一项重要的运动项目。此后棒球比赛的场地随着游戏的发展和水平的提高而逐渐演变。

1845年，"纽约人棒球俱乐部"在纽约成立，它是历史上第一个这样的组织。俱乐部立即着手设计满意的比赛场地和制定出标准的比赛规则。这一标准化的举措，在棒球发展史上具有重要的意义。1845年制定的统一规则，其中某些规定至今仍在使用。

1846年，又设计出了扇型场地，并几经修改，一直沿用到现在。同年6月19日，在新泽西州埃里西安球场，按制定出的统一规则首次进行了比赛。

1852年，比赛首次使用了正式比赛记录表，运动员首次穿戴服装——白上衣，蓝长裤。1858年，规定正式比赛为九局，取代了以前以先得21分的一队为获胜队的规定。同时，纽约和新泽西两州已成立了25个业余棒球俱乐部。各俱乐部所有球队进行了比赛，并成立了全国棒球运动员联合会（The National Association of Baseball Players）。

1865年，棒球运动开始职业化，到1869年，世界上第一支职业棒球队——"辛辛那提红袜"在美国宣布成立。随之，许多职业球队联

酷爱体育运动的塔夫脱

合成各种不同的联盟。

1871 年，职业运动员联合成立全国职业棒球运动员协会。1876 年，该协会改称全国职业棒球俱乐部联盟，简称全国棒球联盟。该联盟是现存职业棒球组织中历史最悠久的一家。

1875 年，开始使用一种简单的分指手套接球。在此之前，是徒手接球。由于球硬度提到，击球技术提高，传球力量和速度加大，职业球队间比赛频繁和激烈，促进了器材、用具的发展和改进。同年，接手开始使用护面。

1910 年，时任美国总统威廉姆·霍华德·塔夫脱（William Howard Taft）正式批准棒球运动为美国的"国球"。塔夫脱的这一举措大大促进了棒球运动在全美的普及与发展，同时对改善国民体质，提高人民的生活质量也起到了巨大的推动作用。

随着美国综合国力的增强和对外扩张，棒球作为精神"商品"也输出到世界各个国家和地区，并且逐渐发展起来。

手球运动的起源

古代的"手球"游戏

顾名思义，手球是一种用手控球的球类运动。手球运动是一种介于足球和篮球之间的运动，和篮球更加接近。因为手球、篮球都是用手控球进行攻击的运动，手球的很多规则是参照篮球制定的。

标准的手球比赛由两只球队各派 7 名球员（包括 1 名守门员）参加，双方球员在规定的长方形的球场上相互进攻，努力将球射入对方球门：每进一球，可得一分，比赛时间结束后，得分多的一队获胜。

目前，手球运动分成两类，可以根据人数的多少，分为七人制手球和十一人制手球，也可以根据场地的不同，分为室内手球和室外手球。20 世纪中期，七人制手球成为奥运会比赛项目，从此七人制手球成为主流。

这项介于足球和篮球之间的运动起源于何时、何地呢？关于手球的起源，体育界一直争论不休，至今没有定论。再加上，这项运动的受众较小，在球类运动中属于冷门项目，人们对它的研究热情也不高。

但至少有一件事是众所周知的：作为如今奥运会的正式比赛项目之一，手球起源于欧洲是毋庸置疑的。手球在欧洲历史上是各个球类项目中的一个远支。1926 年，在希腊附近的德普策斯城墙的墓碑浮雕上，描绘了公元前 8 世纪与现代手球非常相似的供达官贵族消遣娱乐的"手球"游戏的情景。据说，"手球"游戏的起源和游戏的内容以及规则并没有很大的联系。

由此可见，欧洲人很早就开始从事手球运动了。荷马的《奥德赛》一书中对此也有记载。古希腊人在形容手球运动员时，称他们为缪斯，荷马在书中写到："其中一人弯着腰，把球向高处投向布满云彩的天空，然后另外一个人跳到空中，在他的双脚落地之前灵巧地抢到球。"

古罗马人也曾从事几项球类运动，其中之一叫做哈佩斯东，一种在形式上最接近手球的运动。而生活在 2 世纪的罗马专家克老蒂斯·加勒尼斯形容说，它是一种集体比赛运动：运动员把球抛给他们的队友，同时要避免球被对手抢去。

在中世纪，德国抒情诗人沃尔森-翁德-沃戈尔维德在他的诗中称和手球类似的一个游戏为抢球游戏。而在16世纪的法国，海柏莱这样描述一种手球运动：球员们用他们的手掌来打球。

"手球之父"和手球

抛开古代的"手球"游戏不谈，现代手球运动的形成其实是在19世纪的丹麦。在19世纪末这个新旧世纪交替的年代，三位热爱运动的体育教师用自己的热情为体育事业贡献了一项伟大的运动。

第一位伟大的体育教师，就是被誉为"手球之父"的丹麦人霍尔格·尼尔森。一般认为，手球运动由霍尔格·尼尔森在1898年所创。他在室内场地的两端各设立一个球门，比赛双方各派出7名球员参加，通过传接球来进攻对方球门。1906年，他制定了手球基本规则并大力推广。

同时期的德国，一位体育教师海泽尔发明了一种类似手球的运动——门球。门球专为女子球员设计，球员在比赛中不得接触对方身体，形式和现代手球基本相似。

1919年，另外一位德国体育教师卡尔舍伦茨改进了海泽尔的设计，参考门球规则创立了十一人制手球（室外手球）的基本规则，如规定持球者传球前可以走三步，双方可以发生身体接触等，并在欧洲大力推广。自此，手球成为欧洲地区极为流行的一项运动。

1920年，手球的竞赛规则进一步完善。1925年，德国与奥地利举行首次国际手球赛。当时是德国队以6∶3取得了比赛的胜利。此后，手球运动逐渐从欧洲流传到世界各地，并流行起来。三年之后，国际手球业余联合会宣告成立，到了1936年它已经拥有了23个成员国。同年在柏林奥运会上手球被列为正式比赛项目，手球第一次真正登上了世界体育的舞台。

手球运动的特点

对抗激烈

对抗激烈是手球竞赛最主要的特点。在手球比赛中，规则规定防守队员用身体阻挡进攻队员是合法动作。由此，手球比赛中身体接触异常频繁，对抗自然也就特别的激烈了。虽然足球比赛中也允许合理的身体接触，但由于手球场比足球场小得多，队员身体接触的机会比足球要多得多，所以对抗更为激烈。

运动员在经过激烈的对抗，终于得到射门机会时，还要在对抗中用尽全力射门。这更进一步增加了手球比赛对抗的强度。

打手球的孩子们

速度快

手球比赛中，传球速度快，队员跑动快，战术配合快，看起来令人眼花缭乱，精彩纷呈。手球规则规定，只要进攻的队员身体没有失去平衡，还能够继续进攻或进行配合，裁判员就不要中断比赛，使比赛能够快速连续地进行。这一规则特点决定了手球比赛的高速度。旋风般的速度，出神入化的快速传球，可使观众感受到运动员所创造的速度魅力。

动作精彩

手球守门员鱼跃扑球，网球比赛中运动员鱼跃救球等动作，在手球比赛中比比皆是，层出不穷。手球规则规定只有守门员可以在球门区内活动，进攻队员只有在射门球出手后，才能进入球门区。因此，运动员如果要争取近距离射门，就必须采用鱼跃射门的技术，并由此衍生出各种各样的空中动作，形成了丰富多彩的鱼跃射门技术。

此外，变幻无常的射门动作，灵活多变的隐蔽传球，守门员闪电般的出击扑救球等，都给激烈的手球比赛增添了更为动人的色彩。

棒球和手球运动的运动价值

运动价值是人们一直在探讨的问题。一般认为，运动具有两方面的价值，即健身价值和心理价值。身体和精神的健康是相互依存的，伴随着身体功能的改善，精神状况也能同时得到改善。和大部分运动项目一样，棒球、手球也兼具健身价值和心理价值，而且在这些方面的价值还特别突出。

健身价值

健身的价值在于提高体适能。体适能包括心肺耐力素质、肌肉力量素质、柔韧性素质和身体成分等。体适能的发展是积极从事锻炼的结果，只有规律性的体育锻炼，如有规律地参加棒球或手球运动，才能达到最佳的体适能。

提高心肺耐力素质

心肺耐力是指全身肌肉进行长时间运动的持久能力，是体内心肺系统对身体各细胞的供氧能力。人体的心脏、肺、血管、血液等组织的功能是心肺耐力的基础，它们与氧气和营养物质的输送以及代谢物的清除有关。也就是说，健全的心肺功能是健康的基本保证。

第一，系统地参加棒球或手球运动，可以使心肌增厚，收缩力加强，心室容积增大，从而使心脏的泵血功能增强，表现为心血输出量增加，使心脏的能力得到提高。

第二，系统地参加棒球或手球运动，呼吸系统机能也将得到提高，表现为呼吸肌的力量增强，肺活量、肺通气量明显增加，使呼吸系统工作能力提高，以保证对机体供氧的能力。

第三，系统地参加棒球或手球运动，可以促进血管系统的形态、机能和调节能力产生良好的适应力，从而提高机体的工作能力。

第四，通过系统的棒球或手球运动，可以使血液系统产生某些适应性变化，如血容量增加、血黏度下降、红细胞膜弹性增强和红细胞变形能力增强等。

提高肌肉力量素质

肌肉力量是指肌肉最大收缩产生的对抗阻力或负荷的能力。肌肉力量只有达到一定的程度，才能克服外界阻力，而克服外界阻力是维持日常生活自理，从事各种劳动和运动的必要前提。

系统地参加棒球或手球运动可以提高肌肉的生理横断面积，可以改善神经系统对肌肉收缩的支配功能，还可以提高肌肉内代谢物质的储备量，以有效地提高肌肉质量，使肌肉力量得到提高。

提高人体的柔韧性

柔韧性是指人体各关节的活动幅度，即关节的肌肉、肌腱和韧带等软组织的伸展能力。柔韧性对于保证正常生活质量、维持正常体态、预防损伤发生和减轻损伤程度等方面均起到至关重要的作用。

经常参加棒球或手球运动可以延缓因年龄因素而导致的柔韧性下降，预防因缺乏运动而导致的关节结构、周围软组织和膝关节肌肉退化，从而使锻炼者的日常生活、劳动和运动等更加充满活力。

手球运动员的身体柔韧性都很好

改善身体成分

身体成分是指人体体重中的脂肪组织和去脂组织的重量百分比。身体成分中的脂肪成分增加，肌肉成分必然下降。身体中不具备收缩功能的脂肪组织增加，必然导致身体进行各种活动的能力下降，基础代谢水平降低和肥胖症、冠心病、高血压、糖尿病、高血脂等慢性疾病发病率的提高，因此，身体成分是保证人体健康的重要内容之一。

经常参加棒球或手球运动可以改善身体成分。这是因为，随着锻炼者体质的增强，热量消耗便随之增加，进而燃烧掉体内多余的脂肪，使身体成分得到改善。而身体成分的改善，又可以减少体重对关节可能带来的不利影响，还可以使肥胖者的心理状况得到改善，增强其自尊心和自信心，使其逐步建立起健康的生活方式。

心理价值

研究证明，有规律的体育锻炼不但可以使锻炼者增强体质、促进身体健康、预防一些慢性疾病，还可以提高锻炼者的生活满意度和生活质量，对其心理健康产生明显的积极影响。和大部分体育运动项目一样，棒球和手球运动在这方面的作用十分突出。总体来说，经常性地参加棒球或手球运动，具有以下 6 个方面的心理健康效应。

改善情绪状态

参加棒球或手球运动可以改善人的情绪状态。研究发现，体育锻炼对人的情绪状态具有显著的短期效应。运动后人们的焦虑、抑郁、紧张和心理紊乱等症状的程度显著减轻，而精力和愉快程度则显著增强。而且这种情绪的迅速变化，与锻炼者个体的健康状况、活动形式和活动强度等有着直接的联系。

除此之外，棒球和手球运动对人情绪的长期效应也有着直接的影响。与不锻炼者相比，有规律的锻炼者在较长时期内很少会产生焦虑、抑郁、紧张和心理紊乱等情绪。

完善个性行为特征

人们的行为特征一般可以分为两种类型，用 A 型行为特征和 B 型行为特征来表示。A 型行为特征主要表现为性情急躁、争强好胜、容易激动、整天忙碌和做事效率高等。B 型行为特征主要表现为不好竞争、不易紧张、不赶时间、对人随和、喜欢自由自在等。

具有 A 型行为特征的人由于过度紧张的情绪反应，会引起内分泌失调，增加心脏病发病的几率。目前的一些研究主要集中在体育锻炼对改变 A 型行为特征的作用方面。研究结果表明，有规律的体育锻炼能明显改变 A 型行为特征，使其发生显著的积极变化。

确立良好的自我概念

自我概念是指个体对自己身体、思想和情感的主观整体评价，它由许多自我认识组成，包括我是什么人、我主张什么和我喜欢什么等。

坚持参加棒球、手球运动或其他体育项目，可以使锻炼者体格强健、精力充沛、提高驾驭身体的能力，从而改善对自身的满意程度，确立良好的自我概念。

改变睡眠模式

根据脑电图的显示，人的睡眠可以分为两种状态，即慢波睡眠状态和快波睡眠状态会，前者为浅度睡眠状态，后者为深度睡眠状态。一夜之间两种睡眠状态会交替发生 4—5 次。经常参加棒球、手球运动或其他体育项目不仅对慢波睡眠有促进作用，而且能缩短入眠的潜伏期，并延长睡眠的时间。

改善认知能力

经常参加棒球、手球或其他体育项目，能改善人的认知过程，避免反应时间过长、注意力不集中和思维混乱等症状的发生，尤其对青少年和老年人的认知能力，改善效果更为明显。

**手球运动对提高青少年的认知能力
有很大的帮助**

增加心理治疗效应

体育锻炼被公认为是一种心理治疗的好方法。目前人群中常见的心理疾患是抑郁症和焦虑症。研究发现，体育锻炼是治疗抑郁症的有效手段之一，抑郁症患者经过有规律的体育锻炼，抑郁症状能显著减轻。体育锻炼还具有治疗焦虑症的作用，经过有规律的体育锻炼，可以使锻炼者的焦虑症状明显改善。

PART 2 历史发展

棒球运动的发展与传播

棒球这种由简单的用棒击球的游戏演变为竞技运动项目，已经有数百年的历史了。就算从 1846 年 6 月 19 日美国举行首次棒球比赛算起，至今也已经有 160 多年了。棒球运动员不仅要有较好的速度、力量、灵敏等身体素质，而且还应具备临场判断能力、随机应变能力和独立作战的能力。比赛中攻守双方的运动员斗智斗勇，默契配合，技战术局面引人入胜。

棒球运动项目可分为：进攻技战术和防守技战术两大类。进攻基本技术包括：击球、跑垒、离垒、回垒、滑垒、偷垒等；进攻基本战术包括：单偷、双偷、三偷、牺牲触击、自由打上垒、打而跑、跑而打选球上垒等。

防守基本技术包括：传球、接球、投球、触杀、封杀、夹杀、牵制等；防守基本战术包括：防抢分触战术、防牺牲触击、双杀战术、假传真杀、投坏球战术等。

从 1938 年在英国举行首届世界棒球锦标赛到 2011 年举行最后一届

世界杯棒球赛（世界棒球锦标赛从 2001 年第三十四届开始改称世界杯棒球赛，届数沿袭锦标赛），共举办了 39 届。

据不完全统计，目前有 100 多个国家和地区开展棒球活动，其中美国、日本、古巴、委内瑞拉和中国的台湾地区普及程度较高。古巴领导人卡斯特罗和美国前总统卡特都非常喜欢棒球。棒球运动在我国开展虽然较晚，但发展势头十分强劲，近年来也出现了不少棒球好手。

古巴领导人卡斯特罗和美国
前总统卡特在棒球场上

在奥运史上，棒球曾被多次列为表演项目。什么是表演项目呢？就是那些为了推广和发扬自身，或以能升级为奥运会正式比赛项目为目的的体育运动。与正式比赛项目不同的是，表演项目所获得的奖牌数并不被官方计算在内。

1986 年，国际奥委会在瑞士洛桑决定，将棒球列为 1992 年第二十五届奥运会正式比赛项目，表明这项历史悠久的运动已成为世界性体育竞赛项目，并且深受世界各国人民的欢迎和喜爱。遗憾的是，由于可观赏性不高，这项运动在 2012 年的第三十届奥运会上被剔除了出去。

国际棒球联合会现有会员国 110 多个，总部设在美国，目前举办的世界性大赛主要有：世界业余棒球锦标赛，每 2 年举办一次；奥运会棒球赛，每 4 年举办一次；世界青年 AAA 级棒球锦标赛，每年举办一次；世界少年 AA 级、儿童 A 级棒球锦标赛，每年举办一次等。

值得一提的是，棒球运动在发展过程中还对垒球运动的起源和发展产生了深远的影响。因此，这两项运动素有"孪生姐妹"之称。它们无论在比赛方法和器材等方面都极为相似，因此常容易被人混淆。

垒球和棒球的比赛场地一样是一个直角扇形，不过垒球的场地较棒球场地小。垒球内场的垒间距离为18.29米，本垒经二垒伸向外场的距离可达68.58米，而棒球场地则长得多。垒球和棒球比赛时使用的护具和手套基本相同，但比赛球和球棒都有较明显的差别，棒球比垒球小而硬，棒球棒比垒球棒长而重又粗。

垒球和棒球比赛对投手投球和跑垒员的跑垒还有不同的规定，垒球规则规定：只准许投手采用低手投球（或称下手投球），投手一旦踏上投手板就不得撤离所占垒位，而必须在投手的球离手时，跑垒员方可离开垒位或偷垒，违者则判离垒过早出局；而棒球就没有这些规定，投手无论采用肩上、体侧和低手等投球方法均为合法投球，跑垒员随时都可以离开原站的垒位对投手和其他防守队员进行诱惑、牵制或偷垒，同时投手也可以传牵制球和撤离投手板传杀跑垒员，棒球正式比赛为9局且只限在男子中开展，垒球是男女都可以进行竞赛的项目。其他规则和比赛方法就与垒球大同小异了。

中国棒球运动的发展

对中国，尤其是内地的观众而言，棒球项目相对陌生。这主要是因为棒球运动传入中国的时间较短，普及程度不高。中国的棒球运动有100多年的历史，但是长期以来处于时起时落、停滞不前的状态。

1873年清政府在"中学为体，西学为用"的主张下，选派了30名青少年学生赴美国留学，其中包括后来成为著名铁道工程师的詹天佑。这些学生在美国留学时，在耶鲁大学组织了"中华棒球队"。这应该是中国棒球史上第一支球队。在随后的几年中，一些从美国、日本归国的华侨及留学生把棒球带回祖国，这就是中国人打棒球的最早记载。

1895 年，北京汇文书院成立棒球队。1907 年北京汇文书院与通州协和书院进行了一场棒球比赛，是中国最早的一次棒球比赛。

1913 年，从由中国、日本、菲律宾 3 国发起的"远东运动会"起，历届都有棒球比赛，参加者多为学生，但成绩多落于日本和菲律宾之后。

旧中国几届运动会都曾把棒球列为比赛项目，但参加比赛队数不多，水平也很低。新中国成立后，棒球运动曾一度在解放军基层连队中广泛开展，其盛况空前。1959 年第一届全国运动会有 23 个省市队参加棒球比赛角逐。

1961 年，由于历史的原因，停办了全国棒球比赛。直到 20 世纪 70 年代初，棒球运动才得以恢复并逐渐有所发展。

20 世纪 80 年代以后，少年儿童棒球有较快的发展，我国少棒队曾荣获过 7 次世界少年软式棒球锦标赛冠军；1990 年和 1991 年，我国成功地举办了第十一届亚运会棒球表演赛和第十六届亚洲棒球锦标赛；青年棒球队首次获得 1994 年亚洲锦标赛第 4 名；成年棒球队取得 1992 年世界 B 组棒球冠军并首次领到了参加世界棒球锦标赛的入场券。在 2005 年第 25 届亚洲棒球锦标赛上，中国队力克韩国取得第三名，实现历史性的突破。这标志着我国棒球运动的国际地位逐步提高。

中国的棒球运动发展较快

现在，我国成人棒球有

11 个省市代表队，全国区县级别和大学层次的业余棒球队近百支，棒球运动员总数约 2000 人，棒球裁判员人数约 200 人，正规的训练和比赛场地有 10 个。

由此可见，中国棒球运动在近些年来虽然有了很大的发展，但与棒球运动普及的国家相比差距较大。中国棒球要想冲出亚洲，走向世界，必须从实际出发，改革现行的竞赛、训练、管理体制与运行机制，坚决走职业化、社会化和科学化的道路，才能提高整体水平，才能在世界棒坛中发挥更大的作用。

手球运动的发展

手球从欧洲开始影响到全世界，最终被定为奥运会比赛项目，其发展也几经波折，手球运动的巨大魅力，使得越来越多的国家参与其中。

1925 年，德国和奥地利首次举行国际手球比赛，手球运动逐渐在世界各地开展起来。

1928 年，国际业余手球联合会（IAHF）成立，并在德国柏林奥运会举办了首次手球比赛项目（十一人制手球）。

1938 年，为庆祝国际业余手球联合会成立十周年，创办了世界男子手球锦标赛。直至第二次世界大战爆发，手球活动被迫中止。

1946 年，国际手球联合会在丹麦的哥本哈根成立。创始会员包括丹麦、瑞典、法国、荷兰、挪威、波兰及瑞士。联合会开始大力推广"七人制手球"，"十一人制手球"自此逐渐式微。

1954 年起，国际手球联合会续办世界男子手球锦标赛，并将之发展为国际手球最高水平的赛事，比赛每四年（有时三年）举办一次，至 1995 年改为每两年举办一次；又在 1957 年创办世界女子手球锦标赛，是国际女子手球运动最高水平的赛事。

1972 年德国慕尼黑奥运会首度将"七人制手球"列为男子组之正式竞赛种类。1976 年加拿大蒙特利尔奥运会更增列女子手球比赛。

目前，手球运动正式成为国际性的运动项目，全球已有 183 个国家参与手球运动。

中国手球运动的发展

中国手球运动发展较晚，加之不是热门项目，许多人不甚了解。但近年来手球的发展有良好的趋势，全国性的手球比赛更是为手球选手的选拔奠定了基础。

20 世纪 30 年代，手球运动传入中国，但流传范围很小，影响力微乎其微。在 50 年代之前，中国的手球运动基本处于停滞状态。

中国的手球运动在 20 世纪 50 年代中期获得了新生。1955 年，位于广州的解放军体育学院将手球列入教学计划，在国内率先开始手球教学与训练。随后，北京体育学院等一些院校也开展了手球运动的教学。

1960 年，组建不久的广州部队和安徽队曾战胜过来访的世界亚军罗马尼亚男子手球队。1979 年，中国加入国际手球联合会。20 世纪 80 年代，是中国手球的辉煌时期。1982 年和 1984 年，中国男女手球队曾分别获得亚运会冠军和第二十三届洛杉矶奥运会铜牌。1986 年，中国女手在第九届世界锦标赛上获得第九名。在 1988 年的汉城（已改称首尔）奥运会上，中国女子手球队获第六名。这对手球发展起步较晚，实力相对落后的中国手球队来说，无疑是值得骄傲的成绩。

之后的中国手球便出现走下坡路的趋势。直到 1996 年，中国女子手球遏制住多年的滑坡，在奥运会上获第五名。

但直到现在，手球的发展仍处于落后状态。1998 年曼谷亚运会的手球比赛，中国男女手球队仅分别获得第六和第四名的成绩。2002 年亚洲锦标赛和亚运会，中国女子手球队均获得第三名，而中国男队在 2002 年亚运会上仅得第七名。在 2008 年北京奥运会上，中国女子手球获得第六名，男子手球队以东道主身份参赛，一场未胜。

值得欣慰的是，中国手球队员在国际大赛上能够充分发挥团队的协作能力，打出自己的精神，为手球的发展奠定了良好的基础。在国内有多支专业队伍，传递着手球精神，国家队更是有着全国顶尖的手球选手，为手球的明天努力奋战。

目前国内各省市的手球专业队有上海男子手球队、天津男子手球队、山东男子手球队、四川男子手

中国女子手球队与日本女子手球队在比赛中

球队、河北男子手球队、江苏男子手球队、安徽男子手球队、广东男子手球队、北京男子手球队、北京军区男子手球队和北京女子手球队、北京军区女子手球队、广东女子手球队、安徽女子手球队等 10 支男队、4 支女队共 14 支专业运动队。

总体来说，中国手球还处于发展阶段，各方面亟待加强和完善，相信在不久的将来，中国手球队会在国际大赛上带给我们更大的惊喜。

PART 3 目前状况

世界棒球运动现状

棒球运动的"三大集团"

当今世界棒坛的格局可划分为三个层次，属于第一集团的是美国、日本、古巴、中国台北等。美国是世界上当之无愧的棒球运动第一大国。在美国，每年观看棒球比赛的人数（包括到球场、看电视、听广播的人数）占总人口的二分之一强，大小棒球队几十万支，棒球场则像银杏树叶一样分布在美利坚国土每一个角落。

美国《职业棒球运动员》一书中写道："人们对日新月异的社会感受总在变，唯独棒球运动给人们提供传统和稳定的感受。祖父辈和儿孙极少讨论跨越两三代的

棒球在美国是最受欢迎的运动项目之一

政治、艺术问题，但却非常愿意一起畅谈棒球；在国家、家庭、爱、荣誉、艺术、宗教等追求中，人们常常先表明他们拥护的棒球队，然后再说出他们的宗教信仰与政治党派；因此，要想了解美国人的心灵和情感世界，最好先了解美国棒球。"

事实上也确实是这样，一个美国棒球场至少能容纳八九万名观众，每逢比赛日，就是美国人的节日。

除了美国之外，日本、古巴和台湾等地的棒球运动也十分盛行。日本棒球队、古巴棒球队和中华台北棒球队常常在世界性的大型赛事上斩获佳绩。

中国、巴西、意大利、澳大利亚等国的棒球运动属于第二集团。俄罗斯、新西兰、法国、中国香港等地则属于第三集团。

被剔除出奥运会项目

进入奥运会的坎坷之旅

棒球运动成为奥运会正式比赛项目的历程比较漫长，过程也很曲折。1912年，在瑞典斯德哥尔摩举行的第五届奥运会上，棒球才作为正式表演项目。但是美国棒球协会和英国棒球协会都声称，1904年在美国圣路易举行的第三届奥运会上，已有过棒球比赛。

当时，奥运会配合世博会同时进行，美国人为借此世界盛典向世人展露自己最骄傲的棒球，就在奥运会赛场上组织了非正式的棒球表演赛，由于事先没有通过国际奥委会，事后也没有留下比赛的成绩记录，所以没有得到国际奥委会的承认。但不管怎样，在1904年圣路易举行的第三届奥运会上有过棒球比赛，确是一个不争的事实。

在1912年的第五届奥运会上，棒球表演赛由东道主瑞典的维斯特拉队与美国队对阵。当时，没有准备的美国人，临时从所有参赛奥运的美国运动员中，拼凑一个球队上阵。其实比赛的队伍中没有一名正式的棒球运动员。当时国际田径名将索普，也拼凑在这支棒球队之中。

由于棒球在美国的普及程度高，群众基础好，几乎所有的青年男子都是棒球好手，这场表演赛最终以美国人的胜利而宣告结束了。就这样，这支全是非棒球运动员的棒球队以 13∶3 的成绩大胜瑞典的维斯特拉队。

24 年之后，1936 年在柏林举行的第十一届奥运会上，再次将棒球列为表演赛项目。由于没有其他国家的参赛队，组委会决定将美国队分成两个队，组成世界业余队和美国奥林匹克队，由自己与自己进行表演赛。因为有美国职业棒球著名球星贝比鲁斯及美式足球和棒球双料明星亨利·瓦格参赛，最终吸引了 25000 多名观众到场观战。结果世界业余队以 6∶5 险胜美国奥林匹克队。

鉴于柏林奥运会上棒球表演赛大受欢迎，国际奥委会有意在第十二届东京奥运会上，将棒球列为正式比赛项目。然而，由于第二次世界大战，奥运会停办，使棒球错过了这次良好的机会。

1952 年在芬兰赫尔辛基举行的第十五届奥运会上，棒球恢复为表演赛项目。由于没有其他国家的参赛队，由东道主芬兰组织一个队与美国队举行表演赛。芬兰队派出的其实不是棒球队，而是萨波罗队。

萨波罗是芬兰的传统运动项目，很像棒球，使用的器材也是手套、球和球棒，比赛规则类同棒球，但是打法有些像现在的"慢投垒球"，比赛局数为 8 局（棒球为 9 局）。比赛结果，美国队以 19∶1 大胜芬兰队。

1956 年在墨尔本举行的第十六届奥运会上，虽然棒球仍被邀入表演赛，但仍然只有美国队独自参赛，最后又是由东道主澳大利亚组织一个队，与美国队对阵。美国队以 6:2 胜澳大利亚队。

1964 年，美国挑选优秀的职业球员，组成一支实力强劲的棒球队，参赛在东京举行的第十八届奥运会。最后美国队以 6:2 战胜东道主日本队，第五次称霸奥运会棒球表演赛。这次比赛，也是奥运史上最后一届棒球表演赛。

1984 年第二十三届洛杉矶奥运会和 1988 年第二十四届汉城奥运会。国际奥委会把棒球列为示范赛项目，规定由 8 支球队参赛，先分成两组进行预赛，然后交叉进行决赛，共进行 16 场比赛。1984 年日本队 6:2 战胜美国队。1988 年，美国队以 6:3 赢日本队。

1992 年，国际奥委会同意在西班牙巴塞罗那举行的第二十五届奥运会上，将棒球列为正式比赛项目。从此，历尽沧桑的棒球，最终进入奥运大家庭。在当年的奥运会上，古巴队发挥出色最终获得了巴塞罗那奥运会棒球的冠军。而四年

美国队在悉尼奥运会上获得冠军

后的亚特兰大，古巴队成功卫冕。2000 年的悉尼奥运会上，美国队获得了冠军。到 2004 年第二十八届雅典奥运会为止，棒球进行了 4 届正式比赛。

告别奥运会

2005 年 7 月 8 日，国际奥委会在决定 2012 年第 30 届伦敦奥运会比赛项目时，棒垒球被砍出了奥运会。至此，历经 4 届奥运会的棒球项目告别了奥运会。棒球为什么会被剔除出奥运会正式比赛项目呢？

2001 年 7 月，罗格当选国际奥委会主席。他一上任即对奥运会比赛项目的设置着手进行改革，一些代表性不强的项目将清出奥运会，有些新的项目将取代而进入奥运会。棒球项目在奥运会上何去何从？其步履艰难。

第一，奥运会棒球比赛缺少女性的参与。从 1980 年开始，国际奥委会前主席萨马兰奇大力提倡男女平等，除了尽力增加女性运动员的参赛人数外，同时致力于增设女子项目，例如 2000 年增设女子举重，2004 年增设女子摔跤，2008 年增设女子拳击等项目。这样就使奥运会现有的 28 个大项中，唯一缺少女性项目的棒球，对未来的发展位置不容乐观。

第二，棒球比赛赛程较长，总长 16 天的奥运会，棒球比赛要花费 12 天。另外，一场比赛的时间也过长，一般要 3~4 小时；参赛选手又过多，一个队一般有 24 人，这些因素都造成棒球比赛奥运会中的效益不高。

第三，棒球比赛的紧张激烈程度不高。一个队有 24 人，上场比赛只有 9 人，整场比赛的大部分时间，都是投手的个人表演，投手的实力，在很大程度上决定比赛的胜负，投手的战斗力和驾驭比赛的能力，是比赛取胜的关键，这与奥林匹克运动追求更快、更高、更强的精神有一定的距离。

国际奥委会主席罗格

第四，棒球在美国是十分流行的运动项目，但欧洲人不喜欢棒球运动。实际上，世界上热衷于棒球发展的国家，并不多。另外，国际奥委会现任委员 126 位，有半数以上的委员是欧洲人，他们有意向取消棒球，而增设欧洲人喜欢的橄榄球和高尔夫球等运动项目。

　　这些不利因素，大大地影响棒垒球在奥运会上的位置。2005年7月8日，在决定2012年第30届伦敦奥运会比赛项目时，棒垒球被砍出奥运会。国际奥委会主席罗格，在谈及此事时表示，滥用违禁药物及缺乏高水平运动员参加奥运会是被"砍"的主要原因。

　　罗格说："国际奥委会需要最出色的运动员，开展最广泛、最'干净'的比赛项目。"

　　同时，罗格也表示，希望棒垒球组织利用这几年的时间完善自身，争取在2016年重返奥运会。

　　奥运应对之道

　　在奥运会中，只有男子棒球和女子垒球两个运动大项是单一性别参赛的项目，由于男子和女子天生身体条件的差异，女性不适合打棒球是一个不争的事实。棒球是属于力量与技巧兼备的团队运动，女性无法负担高强度运动所带来的体能负荷，并且也无法发挥棒球的力量之美，这也是为什么女子垒球孕育而生的原因。

　　如果能将其整合成为棒垒球运动项目，就能够打破棒球女性沙漠的不雅封号，也可以减少被砍去的危险，因此将男子棒球和女子垒球合并为棒垒球单一运动大项，是棒垒球运动改革的切入点。

　　棒球赛程的重新规划，可以增加比赛的经济效益，国际棒球协会已经向国际奥委会提出建议，未来棒球比赛的天数，将从现在的12天赛程缩短为5天，希望通过缩短赛程来节省比赛的开支及提高竞赛的精彩性。

　　另外，这项提议也是希望允许让美国高水平职业棒球运动员参加奥运棒球比赛（美国职业大联盟选手不准参加奥运会），来增加比赛的精彩度、门票收入、转播权利益等，这样可以期望提升棒球在奥运会中营收的比例，使其和奥运会大项田径运动一样，成为奥运会的重要收入来源。

将棒球运动打进欧洲国家，是国际棒球协会所面临最困难的问题，因为欧洲人对于足球和橄榄球疯狂至极，视其为一种高尚的运动，而对源于美国的美式棒球不屑一顾。为了2004年雅典奥运会的棒球比赛，希腊政府动用了2200万美元修建两座棒球场，这也是希腊唯一的两座棒球场，由于当地没有什么棒球气氛，两个场地在奥运会结束后就立即被拆除了，成为奥运会历史上最短命的球场。

更令人不能相信的是，参加雅典奥运会的希腊棒球队，队员中竟然没有一个是本土球员，全是美国选手组成的。现在欧洲发展棒球的国家有法国、意大利、西班牙、荷兰等。如果能将棒球推广到更多的欧洲国家去，除了可以使棒球运动的发展更具全面性，也可以获得国际奥委会更多委员的认同和支持，降低其变动机会，为棒球运动永远留在奥运会创造条件。

目前，国际奥委会还在商讨运动项目进入奥运会的取舍标准。委员会的基本倾向是，这个运动项目要在世界范围内非常流行，应该有男女两个项目，成本不要太高。美国职业棒球大联盟（MLB）副主席安德森表示，奥运会是棒球运动发展的一个平台，只有奥运会才能使棒球运动在世界范围内得到最大的发展，没有奥运会，棒球将在许多国家消失，因此国际棒球协会面临巨大的挑战。

中国棒球发展的困局

成绩有所提升

2013年3月5日，中国棒球队在日本结束了第三届世界棒球经典赛

（WBC）决赛阶段小组赛的最后一场比赛。虽然在美国，职业棒球大联盟比 NBA 还赚钱，虽然在日本，日本与中国的棒球比赛收视排第一，但中国棒球队的小伙子拿着只有对方几万分之一的工资和最少的关注度，坚持这项非奥运动。

很多人更加不知道，在参加这届 WBC 中，还有一名日籍和美籍华裔代表中国参赛。这种事情发生在一个拥有 13 亿人口的大国，实在有点令人匪夷所思！不过，就当前的情况来看，中国棒球已经有了很大的发展。当然，我们与世界强队的实力差距还比较大，进一步发展也面临诸多困境。

在 2013 年的世界棒球经典赛决胜阶段的小组赛中，中国队与卫冕冠军日本队、世界排名第一的古巴队以及南美劲旅巴西同组，在日本福冈比赛。3 月 5 日，是中国队此次经典赛的最后一役，中国队在第八局实现绝地大逆转，以 5∶2 击败巴西队，以一胜两负的成绩结束本届经典赛征程。在此前的两场比赛中，中国队已经以 2∶5、0∶12 分别负于日本、古巴。

根据世界棒球经典赛的规则，此前双败的中国队已经无缘八强战，但如果小组赛全负，下一届比赛就必须从资格赛打起，但一胜两负的成绩，帮助中国队完成了进入前 12 名的排名。如果规则不改变，中国队将直接进入下一届世界棒球经典赛决赛阶段的比赛。

虽然中国棒球与世界的实力差距仍然较大，但与往届相比，也能看到进步。在第一届和第二届棒球经典赛上，中国曾分别以 2∶18、0∶4 输给日本。在现场观战的美国职业棒球大联盟（MLB）著名教练鲍比·瓦伦丁就谈到，中国队比前几年进步明显，特别是年轻的投手给他留下了深刻印象。

有意思的是，中国队里有两名优秀外援。在出战巴西的比赛里，第四棒上场的打者张宝树是美籍华人，还有一名年轻的球员名叫冈村秀，是日籍的中日混血儿。与其他单项运动规定不太一样，这两名外援并非归化球员。

张宝树

世界棒球经典赛的规则里对参加队员资格的认定除了国籍外，还有不少宽松规定。比如只要提供相关文件证明，可以代表父母双方中任意一方的出生地国家参赛。张宝树从小在美国长大，但他的父亲是中国香港人，母亲是上海人，他能代表中国队参加世界棒球经典赛；19岁的冈村秀父亲是日本人，母亲是杭州人，因此他也可以代表中国队参赛。

张宝树有多年美国职棒小联盟经历。在上一届经典赛中，他曾代表中国队打出了一支本垒打，帮助中国队以4:1击败中华台北队，最终获得第12名。

本来中国队还可以拥有一名在美国职业棒球大联盟打比赛的巴拿马籍华裔选手陈用彩。他先代表巴拿马参加了世界棒球经典赛资格赛，巴拿马被淘汰后，他可以代表中国队出战。但因为他的身份文件证明问题，最终很遗憾他没能出现在中国队的大名单里。

不过，这些外籍华裔并不能代表中国国家队出现在亚运会或者奥运会的赛场上，比如张宝树在2010年的亚运会就只能充当座上客。

观众的关注不高

虽然有华裔助阵，虽然是国家队比赛，虽然在日本收视率居高不下，但在中国却受到冷遇，中国棒球的关注度十分低。

就在第一场小组赛，据统计，中国对日本一战，在日本关东地区拿下23.2%的超高收视率，最高一度冲到32.3%，直接导致当时最热日剧《八重之樱》的收视率没过10%，而上一季木村拓哉领衔热剧的单集最高也才20.1%。

但与此形成鲜明对比的是，中国媒体的反应非常冷淡，只有两三家网站发布了赛果。"棒球在中国，是边缘项目，而在美国、日本，棒球都是国球，关注度是天壤之别。"四川省队教练陈建华解释。

队员收入偏低

除了实力、关注度的悬殊差距，作为非奥项目，中国棒球队队员能坚持到现在十分不易。由于奥运瘦身计划，棒球在2008年北京奥运会后，就离开了奥运大家庭，这使得国家、地方对棒球更加不重视。

"而且棒球投入高，比篮球足球的消耗大，比如一根球棒，便宜的就要二三百元一根，贵的一千多一根，一两天就可能打断，打断就没法用了。"地方专业队的装备都很寒酸，国家队队员李帅透露，"打着开线的球，手套皮条断掉，我们可以拿铁丝固定上继续用，钉鞋没有……"

中国棒球人的生存也相对困难，李帅透露，他们的收入十分低，月均就两千，买房养家都很困难，甚至"刚进队的队员没有工资"。

前国家队棒球选手，现在的棒球解说员徐铮在微博上提到："月收入2000元左右的球员对阵年薪百万美金的选手，这就是分量，他们凭着怎样的勇气站在华丽的球场上！"

以日本队举例，每一名先发投手的薪水就比中国所有球手的收入加起来还要高。

职业化程度不够

虽然在中国，棒球是冷门项目，但在美国、韩国、日本等地棒球职业化程度很好，十分普及。美国职业棒球大联盟的收视率和赚钱能力均超过 NBA，而日本职业运动中，收入最高的也是棒球选手。

2005 年确定了棒球无缘伦敦奥运会后，中国棒球的上升之路被拦腰斩断。支持中国棒球联赛的企业，认为投资中国棒球联赛的回报难以收回，纷纷放弃。2009 年，中国棒球联赛取消了联赛奖金，这也导致联赛名存实亡；2011 年，中国棒球联赛取消了第二阶段的循环赛；而到了 2012 年，棒球联赛居然停摆。

"就拿以前的赞助来说，国内企业赞助的太少了，基本上都是美国、日本等棒球运动普及较高的国家和地区来的企业赞助多。"陈建华教练介绍，中国棒球地方专业队还靠以前几支老牌劲旅撑着，由于没有联赛，现在专业队比赛数量更加少了，"以前有联赛，一年平均还有三四十多场球打，没联赛了，一年就打一二十场，而日本球队，一年要打144 场比赛，至于美国 MLB，一支球队光常规赛一年就有 162 场，加上春训及季后赛，一年就有 200 多场，这种高强度和高对抗是中国队无法比拟的。"

虽然专业队的开展困难重重，但业余棒球的发展在陈建华看来，却十分明显。"现在国内不少高校开展棒球运动，据我所知就有六七十所高校，而且还有专门的大学生联盟组织每年的高校比赛。以四川省为例，以前只有六个市队，但现在又有德阳、绵阳等市相继开展了棒球运动。不过，很多棒球队都是体育老师现学，再教学生，训练不系统，对于我们挑苗子来说，选择性就小了。"

但不管怎么说，中国棒球从无到有，现在已经渐渐发展起来了。虽然中国棒球现在还面临着这样或那样的困难，但我们相信，前途是光明的。

世界手球运动现状

欧洲独强，亚洲崛起

手球于 1936 年进入奥运会，1976 年奥运会增设女子项目。至今，手球仍然是人们最喜爱的奥运会项目之一。目前，欧洲是手球运动最发达的地区，整体水平较高，只有亚洲的老牌劲旅韩国队等少数球队能与之抗衡。法国、瑞典、俄罗斯、丹麦等国在手球界的霸主地位在近年内恐怕无人能够撼动。

世界上最出色的手球运动员几乎全部来自欧洲，手球运动员在欧洲国家的地位也非常特殊，有很多运动员甚至得到授勋。

西班牙名将厄甘加林参加过 130 多场国际比赛，两届世锦赛和两届奥运会，1996 年奥运会率领西班牙队夺得铜牌，他被西班牙皇室授予马洛卡公爵。

值得欣慰的是，与其他有同场对抗的球类项目相比，手球在最近几十年中也开始青睐亚洲人了。韩国是名符其实的手球强国，其女队曾经获得奥运会 2 金 2 银和世界锦标赛 1 金的好成绩，男队也曾获奥运会银牌。

中国手球水平起伏较大

韩国是名符其实的手球强国。同为亚洲人，中国运动员与韩国运动

韩国是名副其实的手球强国

员在形体上非常相似，韩国的经验，对中国手球有什么启示呢？

1982年至1995年，中国与韩国女子手球队交战12次，成绩为2胜2平8负。在1984年洛杉矶奥运会上，中国女子手球队与韩国队打成平手，获得洛杉矶奥运会铜牌，韩国获得亚军。

1986年，中国女手在第九届世界锦标赛上获得第九名，韩女手获第十一名。尔后，中韩两国女手差距逐渐拉开。1988年汉城奥运会上我女手获第六名，韩女手获冠军。1992年，中国女手因负于日本队而没有取得奥运会比赛权，韩女手在巴塞罗那奥运会上再夺金牌。1995年，中国女手在世界锦标赛上没有进入前12名，而身材和力量条件都不如我队的韩国女队，却再次夺得冠军。

1996年是中国手球翻身的一年，女子手球遏制住多年的滑坡，在奥运会上获第五名。男子手球15年来第一次战胜韩国队，首次获得世界锦标赛的入场券。

但是，由于各种因素的影响，中国的集体竞技项目发展艰难。各集体球类项目水平出现滑坡，手球运动也不例外。当前，我国手球运动后备力量奇缺，手球水平起伏很大。

在1998年曼谷亚运会的手球比赛中，中国男女手球队仅分别获得第六和第四名的成绩。2000年没有进入奥运会。

近年来由于受到亚洲经济不景气的影响，韩国的竞技体育环境也在变差。原来手球运动开展得挺好的一些俱乐部解散了一些手球队。使韩国手球运动受到不小的冲击。2001年在法国男子世界锦标赛上，韩国男队获第九名。同年在意大利举行的女子世界锦标赛上，中国女队获得第十一名，韩国女队获第十五名。

2002年亚洲锦标赛和亚运会，中国女子手球队均获得第三名。而中国男队在2002年亚运会上仅得第七名。

受到这些因素的影响，国内手球队伍有所减少。目前全国的男、女队各只有9支左右，而且运动员的水平也让人堪忧。为了提高运动员的竞技水平，国家体育总局曾与法国等手球强国的俱乐部联系，选送运动员到欧洲打球。

就中国手球运动员的水平普遍不高的问题，体育总局手曲棒垒球管理中心副主任孟伟解释说："当然，这不能怪球员，最关键的还在于我们的球员平时打比赛的机会太少。"

中国球员平时参加级别较高的比赛就是全国冠军杯赛和全国锦标赛，而像此类邀请赛，已经算是水平最高的比赛了。缺少比赛锻炼，球员对比赛的理解就不深，更谈不上掌控比赛。

就如美国职业棒球大联盟、欧洲的足球俱乐部一样，手球在欧洲一些国家已经职业化了。安哥拉、巴西、韩国等手球水平较高的非欧国家一般都有球员在欧洲打球，这有利于提高球员的竞技水平，帮助球员积累丰富的比赛经验。提高球员水平最有效的办法就是让球员多参加高水平的比赛。

在国家的大力扶持下，我们有理由相信，在不久的将来，中国手球必定能够获得飞速发展，跻身亚洲强队！

PART 4 场地设施

棒球比赛场地和设施

场地形状

棒球比赛场地是一个直角扇形区域，直角两边是区分界内地区和界外地区的边线。两边线以内为界内地区，两边线以外为界外地区。

界内地区又分为内场和外场。内场呈正方形，四角各设一个垒位，与地面在同一水平面上尖角的垒位是本垒，并依逆时针方向分别为一垒、二垒和三垒。内场以外的地区为外场。比赛场地必须平整，不得有任何障碍物。

棒球场

场地大小

内场各垒间距离为 27.43 米。投手板的前沿中心至本垒板尖角的距离为 18.44 米。本垒后面和两边线以外不少于

18.29 米的范围内为界外的比赛有效区。

从本垒至界内地区的围墙、围网、观众席或其他障碍物必须在 76.20 米以上，左右两边线顶端距本垒板尖角的距离应不少于 97.54 米。本垒经二垒伸向中外场围墙或围网的距离应不少于 121.92 米。

本垒板尖角后 18.29 米处应设置后挡网。网高 8 米以上。场地周围设置围墙或围网，高度以 2 米以上为宜。

根据我国场地情况，如有困难两边线长度可规定为 91 米，本垒经二垒向外场的距离可定为 108 米，本垒到后挡网和两边线到围网的距离可定为 15 米。

场地划法

划场地的时候，应先确定击球方向和本垒位置。为避免阳光照眼，本垒最好位于场地的西南偏西的位置。然后在本垒尖角处钉一小木桩，桩上系一长绳尺（至少长 54.86 米）并在 18.44 米、27.43 米、38.79 米及 54.86 米处各打一结，作为记号，把绳尺拉向东北偏东的地面确定场地纵轴中心线。

然后首先在 18.44 米处钉上一小木桩，该处就是投手板的前沿中心。在 38.79 米处再钉一小木桩，就是二垒的中心点。接着再把 54.86 米的绳结系在二垒的木桩上，另一端系在本垒的木桩上，手执 27.43 米处的绳结，向右拉直，在 27.43 米的绳结处钉一小木桩，就是一垒的外角，然后依照上述方法向左拉直，就是三垒的外角。

为检查各垒的位置是否合乎规定，可以再把长绳的一端系在一垒的木桩上，以 54.86 米处系在三垒上，然后再拿 27.43 米的绳结向左、向右拉直，用以检查本垒和二垒的位置。

场地布置

场地应布置接手区、击球区、跑垒指导区、跑垒限制道、准备击球区、比赛有效区线、本垒打线和草地线。

接手区

自本垒尖角后 2.44 米处画一条横线，线长 1.10 米，线的两端距本垒中线各 0.55 米。然后再从两端向本垒方向各画一与本垒中心平行的线，与击球区界线连结，这个区域叫接手区。

击球区

在本垒的左右两侧，各画一个长方形的击球区。该区长 1.82 米，宽 1.22 米。两区相邻近的内侧界线各距本垒板边沿为 0.15 米，以本垒尖角相邻两边横向中心线为准，击球区前后部分各长 0.91 米。

击球区（包括标出该区的白线）为界外地区，但击出的球如停止在击球区和边线所形成的三角区内时应判为界内球。

本垒区

以本垒尖角为圆心，3.97 米为半径画一直径为 7.94 米的圆为本垒区。内场区设计为草坪场地时，其本垒区为沙土区域。内场区设计为沙土区时，本垒区必须用白线标出。

跑垒指导区

在一、二垒及二、三垒垒线与边线相交的点以外 4.57 米处向本垒方向画一条与边线平行长 6.10 米的线，再在线的两端向场外各画一条长 3 米的垂直线，这三条线以内的区域为跑垒指导区。在一垒一侧为一垒跑垒指导区，在三垒一侧为三垒跑垒指导区。

跑垒限制道

由本垒和一垒的 1/2 中点和沿边线至一垒后 0.91 米处各向场外画一条长 0.91 米的垂直线，并将两垂直线的终点连结在一起，就是跑垒限制线。这条线和边线所构成的长条区域就是跑垒限制道。

准备击球区

在本垒尖角 3.96 米处向本垒纵向中心线两侧各量 11.28 米，并以该处为圆心各画一直径为 1.52 米的圆圈，此圈就是准备击球区。

比赛有效区线

距两条边线外至少 18.29 米处，各画一条与边线平行的线，该线一端与后挡网相连，另一端与本垒打线和边线末端相交的延长线相连，此线为比赛有效区线，用以区分界外比赛有效区和无效区。

本垒打线

以本垒尖角通过二垒，再以二垒中心为基准点，向场地纵轴中心线本垒打方向延伸 11.21 米（或 11.29 米）处为圆心，从该圆心到左右两边线顶点 97.54 米（或 98 米）处为半径画一弧线与两边线末端相交，此弧线即为 121.92 米（或 122 米）的本垒打线，作为判断本垒打的标志。

为了便于判定本垒打，场地两边线顶点应设置一定高度的黄色标志杆。根据国际比赛场地的标准，本垒打标志杆的高度应设置在 15 米为宜。

草地线

在草坪场地上，以投手板前沿中心为圆心，28.93 米为半径，在界内连结两边划弧线，即为草地线。此线以外的外场地区为草地，以内为土地。

场地上各线的宽度为 7.6 厘米，线的宽度包括在各区域的有效范围之内。边线通过击球区的部分不应画出。

本垒板

木垒板用白色橡胶制成，呈五角形。以每边 43.2 厘米的正方形，截去两角，其形状如下：一边为 43.2 厘米，相邻两边为 21.6 厘米，其余两边为 30.5 厘米并形成一尖角，此尖角是一垒边线和三垒边线的交叉点。43.2 厘米一边应朝向投手板，30.5 厘米两边应与一垒和三垒边线外沿交角叠合。本垒板应固定在地上，板面应与地面齐平。

垒包

一、二、三垒垒包均为 38.10 厘米见方，厚 7.6 厘米至 12.7 厘米的白色帆布包。一、三垒垒包应整个放在内场，二垒垒包的中心放在二垒的基准点上。垒包内装棕毛等细软物。垒包应固定在地上。

垒包钉置的方法比较简单，可用十字帆布带和带勾的长钉固定。也可采用在垒包的正中下面用带勾的长钉（约 30 厘米）钩好扎牢，并将长钉钉入地下，以便滑垒时垒包不至移动（但可以转动），同时也可避免滑垒受伤。

垒 包

投手板和投手区

投手板用白色橡胶制成。板长 61 厘米，宽 15 厘米。投手板周围应有 86.4 厘米宽、152 厘米长的平台。投手板应与平台齐平。投手板和平台必须高于本垒板 25 厘米、直径为 5.48 米的龟背形土墩即投手区（圆心在投手板前沿中心正前方 46 厘米处），投手板前的斜坡应为平台前沿起向前 1.83 米，每向前 30.5 厘米降低 2.54 厘米，此倾斜度各球场应力求一致。

队员席

一垒和三垒两侧各设置一个队员席供主客两队使用，设置于距边线至少 7.62 米或 18.29 米的比赛有效区外侧。队员席上面应安置顶棚，背后和两侧都应是封闭的。

棒球比赛用球

棒球是用圆形软木、橡胶或类似物质作球心，绕以麻线，再以两块白色马皮或牛皮包紧平线密缝而成。球面应平滑。重量为 141.8 克至 148.8 克。圆周围为 22.9 ~ 23.5 厘米。

硬式棒球

硬式棒球，俗称"红线球"，球面上的 108 针的缝线是其最大的特征。硬式棒球是目前使用最为普遍的球，目前各项重要国际赛事与职棒比赛都是使用硬式棒球。

硬式棒球的球有马皮制和牛皮制两种，可是现在职业棒球、业余棒球均用牛皮制的。这种硬式球是规定以木栓、橡胶或类似的材料为小芯，用线卷包，表面以白色马皮（牛皮）两片，结实地包缝制成。

软式棒球

软式棒球是由橡胶制成的，分 A 型、B 型、C 型、D 型、H 型等五

比赛中使用的棒球

种型号，A 型是一般的中弹球，H 型是准硬式球，内有填充物弹性较弱于其他型号的球。B 型、C 型、D 型是专供少年使用的中弹性球。

各型号软式球的规格标准如下（弹性的测试自 150 厘米的高度向大理石地面自由落下进行测定）：

型号	直径	重量	弹力
A 型	71. 5 ~ 72. 5 毫米	134. 2 ~ 137. 8 克	80. 0 ~ 100. 0 厘米
B 型	69. 5 ~ 70. 5 毫米	133. 2 ~ 136. 8 克	80. 0 ~ 100. 0 厘米
C 型	67. 5 ~ 68. 5 毫米	125. 7 ~ 129. 3 克	65. 0 ~ 85. 0 厘米
D 型	64. 0 ~ 65. 0 毫米	105. 0 ~ 110. 0 克	65. 0 ~ 85. 0 厘米
H 型	71. 5 ~ 72. 5 毫米	140. 7 ~ 144. 3 克	50. 0 ~ 70. 0 厘米

棒球比赛球棒

木质球棒、铝制球棒和复合棒

棒球棒是棒球比赛中，击球员用来击球的棒子，常见的有木棒、铝棒、复合球棒三种。铝制棒球棒可分为软质铝合金棒和硬质铝合金棒球棒。前者主要普遍用于棒垒球训练软式球；后者主要配合硬质木塞球和牛皮硬球，用于大型棒球比赛。

根据棒球规则的规定，球棒必须为平滑之圆型棒，最粗的部分直径不得大于 7 厘米，长度不得超过 106.7 厘米，须用一根木材制成。以合成方式制造之球棒，在没有获得比赛主办单位认可之前，于正式比赛中不得使用。由金属、木片或竹片接合制成之球棒，如果获得比赛主办单位认可，则准予使用。

球棒凹头的部分，深度必须在 2.54 厘米之内，宽度必须在 5.08 ～ 2.54 厘米之间。凹状部分直径必须为曲线状，不可以附著其他任何物质。球棒的握把位置不得超过 45.72 厘米，握把部分得包扎或使用任何材料处理，包括用松脂等，以便使适合掌握。如果裁判员认为有超越 45.72 厘米的限制时，则该球棒不得在比赛中使用。非经比赛主办单位之认可，于比赛中不得使用着色球棒。

复合球棒的材质为白杨木、枫木与竹片聚合压缩而成，也有人称之为"压缩棒"、"合成棒"、甚至"竹棒"。由于复合球棒融合了木棒与铝棒的优点，弹性较佳而且不易断裂，挥击时的力道其实不会输给铝棒，所以在一般国际正式比赛场合，通常都是不被允许使用的；不过由于目前国际棒球总会积极推进国际赛事全面改用木棒的政策之下，复合球棒已经被视为全面改用木棒前的过渡球棒，在国内三级棒球比赛中，有时候是可以使用的。在日本的大学棒球队部分地区联盟，使用复合球棒也是可以被允许的。

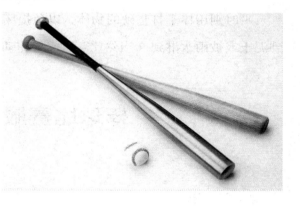

木质球棒和铝制球棒

铝棒的制作材质为金属，其中铝是最重要的材质之一，但由于铝是属于坚硬度较差的金属，因此球棒当然不可能是纯铝所制成，通常是以合金成分为主。铝棒的使用已经日渐式微，在重要的国际比赛当中，几乎已经看不到了；不过目前在国内的三级棒球比赛中，有时仍然看得到铝棒的身影。

球棒的保养

首先要保证干燥：平时放在干燥处，不要总是装在袋子里面，袋子里加点干燥剂。其次是有空拿出来晒一下，记得擦拭。擦拭的时候不仅要擦净尘土，也要保持干燥。每次用之后也要擦，尤其是手握的地方，汗液会腐蚀球棒。

平时别用棒子打坚硬的物体，以免损坏。用的时候尽量别扔，别沾到泥土或被雨水淋到（当然比赛时需要跑动除外）。

棒球比赛服装

服饰要求

比赛时，同队队员应穿着式样和颜色整齐一致的比赛服装。比赛服装上衣背号应不小于15.2厘米的明显号码，上衣与裤子的号码要一致，否则不得参加比赛。

同队队员应穿着同一颜色的内衫，除投手以外的队员可在其衫衣袖有标示、号码、文字、徽章。

每一名队员的比赛服装袖长依各人身材而异，但两袖的长度必须大体一致。队员不得穿着破烂的比赛服或内衫出场比赛。队员不得在比赛服装上装饰与比赛服颜色不同的饰物。比赛服上不得附着有使人联想到像棒球形状式样的东西。比赛服上不得使用玻璃的钮扣或附着有发光的金属饰物。

棒球运动员装束

队员常规的球鞋包头外，鞋跟或鞋尖处不得附着任何外物，但不得穿着类似高尔夫或田径等圆尖钉鞋。

除跑垒指导员和担任跑垒指导员的投手外，其他队员均不得穿着外套参加比赛。

接手手套

接手所用的连指手套，周长不得超过96.5厘米，上下端长不得超过39.4厘米；虎口的上沿长不得超过15.2厘米。下沿长不得超过10.2厘米，拇指与食指之间的网连结上端部分不得超过17.8厘米，而自上端至虎口部分其长度不得超过15.2厘米。虎口处用整块的皮革缝制，也可用皮条编成，但不得编成网兜状。手套重量不限。

一垒手手套

一垒手所用的分指手套或连指手套上下端长不得超过30.5厘米，掌面上部宽不得超过20.3厘米；虎口上沿长不得超过10.2厘米，下沿长不得超过8.9厘米，上下沿长不得超过12.7厘米。虎口处可用整块皮革缝制，也可用皮条编成，但不得编成网兜状。手套重量不限。

分指手套

连指手套限接手和一垒手使用。但任何队员都可以使用分指手套。其大小自四指顶端经掌心至手套下端不得超过30.5厘米，手套的幅度以食指

接手手套

内侧下端缝线部分经由各指下端至小指外沿应在19.7厘米以内。分指手套重量不限。

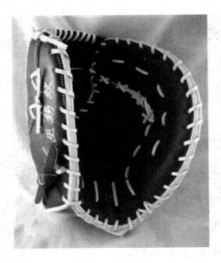

一垒手手套

投手手套

投手手套的规格及构造除了与分指手套保持一致外，另有下列的限制：

1. 投手使用的手套除滚边外的其他部分均不得为白色或灰色，不可使用裁判认为可分散击球员注意力的手套。

2. 投手不得在手套上附着任何与手套颜色不一样的附饰物。

3. 投手如违反这两条规定时，司球裁判员应主动或依其他裁判员建议，或经对方主教练员提出异议后，由司球裁判员令其更换手套。

头盔

棒球队员在击球时必须戴棒球用头盔；除职业棒球以外的队员在击

球时须戴双护耳的头盔；业余棒球的击球员及跑垒员均应戴保护性头盔（击球员须戴双耳头盔）；接手在就位防守时须戴接手用头盔、护面、护胸、护腿。

另外，球童也要戴头盔。

裁判员如果认为队员有违反以上各项规定时应命令其改正，如在适宜的时间内仍不见该队员改正时，裁判员有权取消其比赛资格。

商业广告

头盔

垒包、投手板、球、球棒、比赛服、手套、头盔以及其他规则规定的比赛用具，不得含有为产品作不当超限度的商业宣传。制造商对这些用具标示的图案、商标、记号、文字等，其大小和内容必须保持适当的范围。

手球比赛场地和设施

比赛场地

场地形状和规格

手球比赛场地和篮球、足球类似，均为长方形，长40米，宽20

米。通过仗量其两个对角线的长度，可检查场地尺寸的准确性。场地对角线（从场地两个对角的外沿量起）应长 44.72 米；半场的对角线（从场地角的外沿到由边线外沿与中线的纵向中点组成的角）应长 28.28 米。

比赛场地由各种场地线划成。球门线（在两个球门柱之间）的宽度与球门柱一样为 8 厘米，其他所有的线宽均为 5 厘米。场地上两个相邻场区之间的线，可以由场区的不同颜色所代替。

手球场地

球门区

球门区位于球门前面，由一个宽 3 米，长 6 米的长方形区域和两个与之相连的 1/4 圆形区域构成。球门区线的划法如下：从内球门线外沿至球门区线外沿（球门区外）6 米处划一条 3 米长，与内球门线平行的线段；分别以球门柱内沿外角为圆心，以 6 米为半径划出两条 90 度弧线，分别与 3 米线段两端和球门线相接；围住球门区的直线和弧线称球门线。两条弧线与外球门线两个交点的外沿之间的距离为 15 米。

任意线（九米线）

任意线（九米线）为虚线，距离球门线 9 米并与球门区线平行。这条虚线的每条实线段及线段间的距离均为 15 厘米。这些实线段应分别切成直角或成圆心放射状的角度，弧线部分线段的长度以外沿为准。

七米线

七米线长 1 米，位于球门正前方，与球门线平行，从球门线外沿至七米线外沿（球门区外）距离为 7 米。

守门员限制线（四米线）

守门员限制线（四米线）长 15 厘米，位于球门正前方，与球门线平行，从球门线外沿至四米线外沿（球门区外）距离为 4 米（球门线和四米线的宽度均包括在内）。

安全区

比赛场区周围应有安全区，距离边线至少 1 米，距离球门线至少 2 米。

球门

球门位于各自球门线的中央。球门必须稳固地置于地面或安装在其后面的墙上。球门内径高 2 米，宽 3 米。球门框必须为长方形，其内径对角线为 360.5 厘米（361～360 厘米即可，同一个球门误差最大不超过 0.5 厘米）。球门柱的后沿与球门线的外沿齐平，即球门柱的前沿应位于外球门线前面 3 厘米。

球门柱及与之相连的横梁应由同样的材料制成（木质、轻金属或化学合成材料等），其横截面为边长 8 厘米的正方形，四角（立柱的棱）为半径 4±1 毫米的圆弧。从场地上能看到的球门柱和横梁的三个面必须漆成与背景有明显区别的相间色带。同一个场地上的两个球门必须漆成同样的颜色。

球门立柱与横梁连接处应漆成 28 厘米的相同色带，其他色带均长 20 厘米。球门必须缚挂球门网，以使掷入球门

教练在球门前教小选手们如何守门

的球不会立即弹回或穿过球门。如有需要，可在球门内球门线的后面加一个内网，球门线至内网的距离约为 70 厘米，但不得少于 60 厘米。

球门网

球门网的深度在上端为距离球门线 0.9 米，下端为 1.1 米，误差不超过 0.1 米。网眼不得大于 10 厘米×10 厘米。球门网必须至少每隔 20 厘米固定在球门柱和横梁上。为使球不能进入内网与球门网之间，允许将球门网和内网连结。

垂直挡网

在球门后面约 1.5 米处，应挂一张宽 9 ~ 14 米、高 5 米的垂直挡网，以防球越过球门砸到观众席上的观众。

记录台

记录台置于边线外，替补区的中央。记录台最长为 4 米，为确保良好的视野，应置于高出比赛场地 30 ~ 40 厘米的平面上。

替补区

替补区位于边线外、中线延长线的两侧，直到各队替补席远离中线延长线的一端，如果还有空间的话，还包括替补席后面的位置。

在国际手联和大洲手联组织的比赛中，规则规定各队替补席应从中线延长线两侧 3.5 米处开始。同时推荐其他级别的比赛也按此规定执行。替补席与边线之间不得放置任何物品（从中线延长线向两端至少 8 米范围内）。

在正式比赛中，只有登记在记录表上的队员和随队官员可以进入替补区。如果需要翻译，他必须位于替补席后面。

国际手联规定，在替补区的随队官员必须着装整齐（运动服或日常便服）。在赛前和比赛进行中，计时员和记录员应协助裁判员共同监管替补区。如在比赛开始前，发现有任何违反替补区规定的情况，必须待纠正后才能开始比赛。如果在比赛进行中出现违反替补区规定的情况，在比赛中断后，必须纠正后才能重新开始比赛。

比赛用球

国际手球联合会规定，在正式的国际比赛中，比赛用球需印有国际手联认可标志。球必须以皮革或合成材料制成，球胆用橡胶材料，表面不应发亮和光滑。球应为圆形，而且不能充气太足。

球的特点

使用过程中，球必须保持它的重量、形状和弹性。皮革球球皮应是高质量的整块皮缝合而成，用铬经鞣制后皮革应达到：

手 球

（1）抗拉力的抗撕性能标准：约95公斤／每平方厘米。

（2）手感要柔软、平整。

（3）无缺陷、抗拉且接缝平整、不伤手、不磨损、不爆裂。

皮革球应由32片皮子构成。缝球的线必须是全合成纤维线。球胆由橡胶或相似材料制成，伸展性最少为600%。球胆的气门咀应简单易用。

合成革球是用合成革制成的球或球胆，要求必须与皮革球面或橡胶球胆完全一样。

比赛用球级别

在正式比赛中，用球分1、2、3三个级别。不同级别球队所用球的圆周长和重量如下：

型号	直径	重量	适用范围
3 号球	58 ~ 60 厘米	425 ~ 475 克	男子和男子青年队用球（16 岁以上）
2 号球	54 ~ 56 厘米	325 ~ 375 克	女子、女子青年（14 岁以上）及男少年用球（12 ~ 16 岁）
1 号	50 ~ 52 厘米	290 ~ 330 克	女子青少年队（8 ~ 12 岁）和男子少年队用球（8 ~ 14 岁）

数量要求

每场比赛必须至少有两个球可供使用。比赛中，备用球必须放在记录台上随时准备更换。由裁判员决定何时使用备用球。为尽量减少比赛中断和避免暂停，裁判员应在需要时尽快使备用球投入比赛。

比赛服装

同队的场上队员应着统一服装，两队的服装颜色和图案必须有明显区别。担任守门员的队员，其服装颜色必须与双方场上队员和对方守门员相区别。

队员号码应为 1 ~ 20 号，服装背后号码的高度必须不少于 20 厘米，胸前号码必须不少于 10 厘米。号码的颜色与服装及服装图案的颜色必须要有明显区别。双方队长必须在上臂佩戴臂章，臂章应为 4 厘米宽，颜色与服装有区别。

队员必须穿运动鞋。禁止佩戴任何可能危及队员的物品，如：头盔或面罩、手镯、手表、戒指、项圈或项链、耳环、没有固定带子或带有硬框的眼镜及任何危险品等。

允许使用束发带，但束发带的材料必须是柔软可伸展的。不符合上述要求的运动员，在达到要求以前不得上场参加比赛。

如果队员发生流血或在身体或服装上沾有血迹，他必须立即通过正常换人自觉地离开场地，以止血、包扎伤口及清理身上和服装上的血迹。只有完成上述步骤，该队员才能返回比赛场地。

凡不遵守裁判员有关指示的队员，将被判为非体育道德行为。

两队手球运动员在比赛中

PART 5 竞赛规则

棒球竞赛规则

棒球比赛的球场呈直角扇形，有 4 个垒位，分两队比赛，每队 9 人，两队轮流攻守。攻队队员在本垒依次用棒击守队投手投来的球，并乘机跑垒，能依次踏过 1、2、3 垒并安全回到本垒者得一分。守队截接攻队击出之球后可以持续碰触攻队跑垒员或持球踏垒以"封杀"跑垒员，当球落地之前防守队员如果接住球，则称之为跑垒员被"接杀"，如果投手对击球者投出三个"好"球，则跑垒者被"三振出局"。攻队 3 人被"杀"出局时，双方即互换攻守。两队各攻守一次为一局，正式比赛为 9 局，以得分多者获胜。

比赛前的准备

裁判员的准备工作

比赛开始前，裁判员应做下列准备：

（1）严格按规则要求检查比赛器材及比赛队员的用具是否符合规则要求。

（2）认真检查场地上所有的线是否用石灰、白粉或其他物质划清楚（无论土面或草面）。

（3）认真检查由比赛主办单位提供的或主队所领取的符合规则规定的比赛用球。每个球都要包装封好，并附有协会认定的标志。到比赛前由裁判员拆封检查用球，并去其光泽。裁判员是唯一有权鉴定比赛用球是否适用的人。

（4）核实是否有一打（12只）以上的棒球可供随时使用。

（5）裁判员手中至少要有两个可供备用的球。在整个比赛过程中应不断得到补充。如遇下列任一情况时可使用备用球：

① 球被击出场外或进入观众席时。

② 球已变色或污损，不宜继续使用时。

③ 投手提出更换要求时。

司球裁判员在攻守行为告一段落或成死球局面时方可将备用球交给投手。传球或击球进入场外或观众席时，必须待跑垒员到达应进入的垒位后方可替换用球，重新恢复比赛。如球被击成本垒打时，裁判员应待击出本垒打的击球员安全返回本垒后方可将备用球交给投手或接手。

司球裁判员应在比赛开始前确认符合比赛要求或正式认可的松脂粉袋已放置在投手板后方。

队员的替补

在比赛成死球局面时，替补队员可以随时上场替补，参加比赛。替补队员可替补本队"上场队员名单"上所列任一队员，并按被替补队员的击球次序击球。被替补队员退出比赛后除可担任跑垒指导员外，不得再次上场参加本场比赛。

如果有二人或二人以上的防守队员同时替补时，教练员必须在队员上场前将每个队员的击球次序向司球裁判员说明，并由司球裁判员通知记录员备查。如果没有说明，司球裁判员有权指定替补队员的击球次序。

原投手在同一局中仅限于担任一次非投手的防守位置。

原投手在同一局中因各种原因调换到其他防守位置，在该局中还允许再调回到投手位置，但调回后必须投完该局，不允许再调往其他位置，除非更换投手。

跑垒员的替补

比赛时，不得由"上场队员名单"上所列的开场队员代替本队其他队员跑垒。

投手的替补

（1）在交给司球裁判员的"上场队员名单"所列投手有投球至第一个击球员或其替补击球员完成击球任务（上垒或出局）的义务。除非受伤或生病，司球裁判员认为不能参加比赛。

（2）替补投手要向击球员及其替补员击球员继续投球，直至他们完成击球任务（上一垒或出局）后或一局完了交换攻守时方可被替补（除非受伤不能参加比赛）。

（3）若投手的替补发生错误，裁判员应即指出改由正确的投手投球直至完成规则规定的任务止。如错误的替补投手没有更换而已向击球员投球，则所形成的一切局面均为合法。错误投手一经投出第一个球或者任一跑垒员被判出局，则该错误投手成为合法投手之后进行的比赛为有效。

比赛开始和结束

除非主队事先通知比赛延期或推迟开赛，裁判员一人或数人应于预定比赛开始前 5 分钟进入比赛场地，并直接走向本垒与双方主教练员会面。

（1）首先主队主教练员向司球裁判员提交一式二份"上场队员名单"。

（2）其次由客队主教练员提交一式二份"上场队员名单"。

（3）当司球裁判员接到"上场队员名单"后，应校对正副本是否一致，经核对无误后将副本分别交给双方主教练员，正本由司球裁判员保留。从此双方"上场队员名单"及击球次序即告确定，不能再行变更替换（除非根据规则规定办理）。

（4）先守队（主队）队员进入各自的防守位置，先攻队（客队）第一个击球员进入击球区，然后司球裁判员宣布"比赛开始"！比赛即告开始。

（5）每当比赛开始或重新开始时，除接手外，所有守场员都应站在界内地区进行防守。

接手应在本垒板后面的接手区就位。在投手企图故意给击球员投坏球使其"四坏球"上垒时，接手应把两脚放在接手区线内，直至投手投球出手后方可离开该区域。但在其他场合，接手可以随时离开接手区接球或接杀。

投手向击球员投球时应站在合法的投球位置上，采用合法的投球姿势。

除投手和接手按上述规定外，任何守场员都可站在界内地区的任何地区进行防守。

在比赛进行时，除击球员和试图进入本垒得分的跑垒员外，任何攻队队员都不能通过接手区。

（6）在整个比赛过程中不得变更击球次序，队员应按照"上场队员名单"上所列击球次序上场击球。替补队员应按被替补队员原来的击球次序上场击球。

（7）跑垒指导员应就位于一、三垒附近的指导区内。

攻队进攻时，应在一垒和三垒两侧指定位置各安排一名跑垒指导员。

跑垒指导员限2人，应穿着本队比赛服，只限在跑垒指导区内进行活动。

得分

在第三人出局前跑垒员合法击球后依次踏触一、二、三和本垒时可获得一分。但第三人出局，如下列任一情况时得分无效：

（1）击跑员踏触一垒前出局时。

（2）跑垒员被封杀出局时。

（3）前位跑垒员因漏踏垒位被申诉出局时。

正式比赛

一场正式比赛为九局。但赛程规定一天连赛两场比赛的队，每场比赛可打七局。所以，为九局比赛所制定的规则同样适用于七局。

缩短比赛

打满九局双方得分相等时可延长比赛。如遇下列任一情况时也可缩短比赛局数：

（1）后攻队因得分领先，无需再打第九局的下半局或打完该半局时。

（2）裁判员宣布中止比赛时。

延长比赛

九局比赛完了，如两队得分仍相等，应继续比赛，直至先攻队在延长局同等的完整局数中得分较后攻队多时为止，或者在延长局以后的任一局中，后攻队在第三人出局前获得决胜分时，即判该队获胜，比赛即可终止。

有效比赛

凡司球裁判员宣布终止的比赛，如符合下列任一情况时都是有效比赛：

（1）赛完五局时。

（2）后攻队第五局上半局或第五局结束前的得分超过先攻队时。

（3）后攻队在第五局下半局获得一分或一分以上而把比分扳平时。

改期续赛

宣布中止比赛时，已达到"有效比赛"局数，如两队同等局数的得分相等，司球裁判员应宣布该场比赛为"改期续赛"。

在未能成为有效比赛前宣布停止的比赛为"无效比赛"。

凡因雨停止的正式比赛，只要打完符合"有效比赛"所规定的局数或多于该局数的"改期续赛"不给予观众因雨延赛的票券。

比赛结束

比赛队在一场正式比赛的得分就是比赛结束时本队各局得分的总和。一场比赛如遇下列任一情况时，即可宣布"比赛结束"。

（1）打完第九局上半局，后攻队得分领先时。

（2）打完第九局先攻队得分领先时。

（3）后攻队在第九局或延长局下半局比赛中取得决胜的一分时，但击球员击出本垒打时，按规则规定，击球员及其前位跑垒员均可得分。所以，比赛在击跑员最后踏触本垒板后方可宣告结束。

裁判员在赛场上执判

（4）依据比赛成为"改期续赛"的情况除外，司球裁判员一经宣布终止比赛，比赛即告结束，其胜负按两队得分来决定。

弃权

某队如有下列任一行为时，司球裁判员应判该队弃权，并判对方队以9：0获胜。

（1）在司球裁判员宣布"比赛开始"后经过5分钟后仍未出场或出场而拒绝进行比赛时。但裁判员认为该队未能按时到场是不可避免时除外。

（2）采取策略显然企图拖延或缩短比赛时间时。

（3）司球裁判员未宣布"改期续赛"或"终止比赛"，而拒绝继续比赛时。

（4）因故暂停比赛后司球裁判员宣布"继续比赛"，但在1分钟内仍未重新参加比赛时。

（5）虽经裁判员警告，仍顽固地坚持犯规行为时。

（6）裁判员命令队员退出比赛，但在适当的时间内拒绝服从离场时。

（7）一日连赛两场的第一场的比赛结束后20分钟内未能在第二场比赛开始前出场比赛时（但第一场比赛的司球裁判员因故延长时间者除外）。

司球裁判员宣布暂停比赛后，主队场地管理人员于暂停比赛后拒绝司球裁判员关于排水、平整场地以恢复比赛的命令，致使比赛不能继续进行时，则宣布主队弃权，由客队获胜。

某队未能或拒绝安排九名队员上场时判该队弃权。由对方队获胜。

司球裁判员判某队弃权后，应于 24 小时内写一份书面报告交协会主席（联盟主席）或主办单位。但此报告是否上交并不影响司球裁判员所作的弃权判定。

继续比赛和死球局面

攻守任务

比赛时间一到，司球裁判员应立即宣布"比赛开始"。司球裁判员宣布"比赛开始"后，比赛就处于继续进行的状态。除非由于合法的原因形成"死球局面"或裁判员宣布"暂停"而中止比赛。比赛一旦形成"死球局面"，守场员不得传杀或接杀，跑垒员不得进垒，也不得下分，除非跑垒员在比赛状态时根据规则获得安全进一个垒或一个垒以上的权利。

（1）投手应向击球员投球，但击球员是否将球击出可自行选择。

（2）攻队的目的在于使击球员成为跑垒员并力求进垒得分。

（3）守队的目的在于防止击球员成为跑垒员并力求防止继续进垒得分。

（4）击球员成为跑垒员并合法踏触所有的垒位后，则可为本队获得一分。

（5）当进攻的三名队员被合法判为出局后，攻守交换，即改攻为守，防守队改守为攻。

（6）如果传球偶然碰触跑垒指导员或投球或传球碰触裁判员时，

比赛应继续进行，不成死球局面。但如果跑垒指导员故意妨碍传球时，则判跑垒员出局。

安全进垒或返回

如遇下列任一情况，成"死球局面"，跑垒员可安全进一个垒或安全返回原占垒位而无出局危险。

1. 投球碰触正在合法击球的击球员或其衣服时，这时，垒上跑垒员如系被迫进垒也可安全进一个垒。

2. 司球裁判员妨碍接手传杀时，跑垒员不能进垒。

3. 投手犯规时，各跑垒员应安全进一个垒。

4. 不合法击球时，各跑垒员应返回原垒。

5. 界外球未被接住时，跑垒员应返回原垒，裁判员须待所有跑垒员返回原垒后方可宣布继续比赛。

6. 击出的界内球在触及投手在内的内场手前碰触在界内的跑垒员或裁判员或击出的界内球在穿越（不包括投手）内场前碰触裁判员或跑垒员时。

7. 投球夹在接手或司球裁判员的护面或其他随身用具时，为死球局面，跑垒员安全进一垒。

8. 投手的任何合法投球击中正在试图下分的跑垒员时，各跑垒员都安全进垒。

比赛暂停

裁判员一经宣布"暂停"，即成死球局面。如遇下列任一情况时，司球裁判员应宣布"暂停"：

（1）由于气候光线或类似情况使比赛不能继续进行时。

（2）因照明设备故障使裁判员视觉无法执行比赛时。

（3）由于偶然发生事故使运动员或裁判员无法执行其任务时，如此类事故发生在击出本垒打的击球员或判给安全进一个垒或一个垒以上的跑垒员，因而使其不能按所给予的安全进垒数进垒时，可由替补队员代其完成安全进垒。

（4）教练员需替换队员或需与其他队员进行协商而请求"暂停"时。

（5）裁判员为了检查比赛用球而需要与任何一方教练员商讨事宜或遇到类似原因时。

（6）守场员接高飞球后倒入队员席或观众席或拦绳外的观众中时。如果守场员接球后踏进队员席但未跌倒时，比赛继续，跑垒员可冒险进垒。

（7）裁判员命令队员或其他人员离开比赛场地时。

手球比赛规则

比赛时间，结束信号和暂停

比赛时间

16 岁和 16 岁以上球队的比赛时间均为两个 30 分钟，中间休息通常为 10 分钟；12～16 岁青少年队的比赛时间为两个 25 分钟；8～12 岁少年队的比赛时间为两个 20 分钟，中间休息通常都为 10 分钟。

如果在正常比赛时间结束时双方打成平局，而竞赛规程又要求必须决出胜方，则在休息 5 分钟后进行决胜期的比赛。决胜期由两个 5 分钟组成，中间休息 1 分钟（双方交换场地）。

如果第一个决胜期后仍为平局，休息 5 分钟后再进行第二个决胜期的比赛。第二个决胜期仍为两个 5 分钟，中间休息 1 分钟。如果第二次决胜期后仍为平局，应按竞赛规程决出胜方。

结束信号

当场上裁判为第一次开球鸣哨时，比赛时间开始。当公开计时钟自动发出结束信号或计时员发出结束信号时，比赛时间结束。如果时间已到但公开计时钟没有自动发出结束信号或计时员没有发出结束信号，那么裁判员应鸣哨示意比赛时间结束。

如果没有带自动结束信号的公开计时钟，计时员应使用座钟或秒表并在比赛结束时发出结束信号。如果使用公开计时钟，应尽量使之由 0′~30′计时。

（1）（半场或全场）结束信号发出前或同时的犯规和非体育道德行为均应判罚，尽管有时结束信号已经发出，仍应判罚。裁判员只有在相应的任意球或七米球掷出并得到直接结果后才能结束比赛。

（2）如果正在掷任意球或七米球，或球已在空中飞行时，（半场或全场的）自动结束信号响了，必须重新掷球。重新掷球并得到直接结果后，裁判员才能结束比赛。

（3）在结束信号响起时掷任意球或七米球犯规，仍然要判罚。执行这种掷球时进攻队员发生犯规违例，不再判给对方掷任意球。

（4）如果裁判员确认计时员过早发出了（半场或全场的）比赛结束信号，他必须使两队留在场上，赛完剩余时间。

（5）重新开始比赛时，由过早发出信号时控制球的队掷球。如果当时比赛已经中断，比赛重新开始时根据当时的情况掷球；如果比赛正在进行，则根据按规定掷任意球重新开始比赛。

（6）如果上半时（或决胜期前 5 分钟）结束过迟，下半时必须相应地缩短。如果下半时（或决胜期后 5 分钟）结束过迟，裁判员无权作任何改变。

比赛暂停

比赛时间何时中断以及中断（暂停）多久，均由裁判员决定。下列情况必须暂停：

（1）判罚两分钟罚出场，取消比赛资格或开除时。

（2）判七米球时。

（3）一分钟球队暂停时。

（4）换人违例或"额外"队员进场时。

（5）计时员或技术代表发出信号时。

（6）根据规定，裁判员之间有必要进行协商时。

（7）在其他一些特定情况下，根据情况通常也给予暂停。

（8）暂停期间违犯规则与比赛进行时违犯规则同样处理。

（9）暂停时，裁判员应用手势通知计时员何时停止和重新启动计时钟。

（10）在正常的比赛时间内，每队每半时可有一次一分钟的球队暂停。

球队，换人

球队

一个队最多由 12 名队员组成。同时上场的队员人数不得超过 7 人，其他队员为替补队员。

场上必须自始至终有 1 名守门员。被认定为守门员的队员可以随时成为场上队员。同样，场上队员也可根据相关规定，随时充当守门员。

比赛开始时，每队上场队员不得少于 5 人。在比赛的任何时间内，包括决胜期，每个队的队员人数可以增至 12 名（在国际手联和大洲手联举办的赛事中须遵守相关规定）。

即使某队的场上队员人数减至 5 人以下，比赛仍可继续进行。只有裁判员有权决定是否以及何时终止比赛。

换人

（1）只要被替补队员已离开场地，替补队员即可不通知计时员／记录员随时、重复地进场参加比赛。

（2）所有队员都应该在本方换人区进出场地。这一规定同样也适用于替换守门员。

（3）在暂停期间替补区规定同样适用（球队暂停例外）。

（4）换人违例时，应判罚违例队员出场两分钟。如果同一个球队在一次换人过程中发生多人违例，只处罚第一个违例的队员。

（5）比赛重新开始时由对方掷任意球。

（6）如果额外队员进入场地或一名队员从替补区处干扰了比赛，那么除了违例队员必须离开场地外，该队场上必须有另一队员离场两分钟。

如果受罚队员在受罚期间进入场地，他应被再次罚出场两分钟，这个两分钟应立即开始。该队场上应有另一队员离场，替罚第一个罚出场两分钟的剩余时间。

守门员，球门区

守门员

比赛中，允许守门员在球门区内做防守动作时，用身体任何部位接触球；在球门区内持球活动时不受场上队员规则的限制；但不允许拖延掷球门球的时间；不持球离开球门区并在比赛场区内参加比赛；离开球门区的守门员，要遵守场上队员的规则。

当守门员身体的任何部位接触球门区线以外的地面时，即被认为已经离开了球门区；如果未能控制住球，可以随球离开球门区并在比赛场区继续触球。

以下情形都是不允许的：在防守时危及对方；控制球后持球离开球门区；掷出球门球后，在球触及其他队员以前，在球门区外再次触球；在球门区内接触球门区外地面上静止或滚动的球；将球门区外地面上静止或滚动的球拿进球门区；持球重新进入球门区；当球停留在球门区内或正向比赛场区滚动时，用脚或膝关节以下部位触球；在球离开对方掷七米球队员的手以前越过守门员限制线（四米线）或其两侧延长线。

球门区

一般情况下，只允许守门员进入球门区。球门区包括球门区线，场上队员身体的任何部位接触了球门区，就被认为进入了球门区。

对进入球门区的场上队员应判罚如下：

（1）持球进入球门区时，判罚任意球。

（2）不持球进入球门区，但获得利益时，判罚任意球。

（3）防守队员进入球门区，并破坏了一次明显得分机会时，判罚七米球。

遇下例情况时，对进入球门区的场上队员不予判罚：

（1）场上队员在球离手后进入球门区，未给对方造成不利。

（2）徒手队员进入球门区，但未获得利益。

（3）防守队员在防守时或防守后进入球门区，但未给对方造成不利。

也就是说，球门区内的球属于守门员。场上队员不得触及球门区内静止、滚动或守门员手中的球。当球位于球门区上空时，可以争夺，但掷球门球时例外。

当球停留在球门区内时，守门员应通过掷球门球将球掷回场内继续比赛。如果防守队员在防守动作中触及球，然后球被守门员接住或停留在球门区内，比赛应继续进行。

如果队员使球进入本方球门区，应按下列规定处理：

（1）如果球进入球门，对方得分。

（2）如果球停留在球门区内或守门员触及了球因而球没有进入球门，判任意球。

（3）如果球越过外球门线，判边线球。

（4）如果球穿过球门区后又返回比赛场区，且未被守门员触及，比赛继续。

接触球，消极比赛

接触球

允许队员用手（张开或并拢）、臂、头、躯干、大腿和膝部去掷球、接球、停球、推球或击球；持球不得超过 3 秒，包括球在地上；持球走不得超过 3 步，下列情况为第一步：

（1）双脚站立，一只脚离地后再落地，或一只脚从一处移到另一处。

（2）一只脚着地，接球后另一只脚落地。

（3）跳起后单脚着地，随后用同一只脚踏跳或另一只脚落地。

（4）跳起后双脚同时落地，然后一只脚离地再落地，或一只脚从一处移到另一处。

当队员站立或跑动时，允许其拍一次球，然后用单手或双手接球；单手连续拍球（运球）或单手在地上连续滚动球，然后用单手或双手接住或捡起。一旦单手或双手接住球后，就必须在 3 秒钟内或 3 步之内将球掷出。

当队员用身体的任何部位触及球并使其落地后，即认为已开始拍球或运球。当球已触及其他队员或球门时，允许队员再次拍球或运球和接球。

允许队员将球由一只手递给另一只手，跪、坐或躺在地上接触球。

比赛时，不允许队员在球触及地面、其他队员或球门前再次接触球；不允许用脚或膝关节以下部位触球，但对方掷来的球除外；如果球触及场内的裁判员，比赛继续进行。

消极比赛

不允许在没有任何明显的进攻或射门意图的情况下，保持本队对球的控制。这被视为消极比赛，并应判由对方掷任意球（在中断比赛时球所在的地点掷任意球）。

当发现有消极比赛的可能趋势时，裁判员应作出预警手势。这给控球队改变进攻方式的机会，以避免丢失球权。如果在作出预警手势后，进攻队仍没有改变进攻方式，也没有射门，则应判由对方掷任意球。

在特殊情况下，如：当队员故意放弃明显得分机会时，裁判员可以不事先作预警手势而判由对方掷任意球。

开球，得分

开球

比赛开始时，由掷币获胜并选择开球的队执行开球，对方有权选择场区。如掷币获胜的队选择场区，则由对方掷开球。

下半时双方交换比赛场地，且比赛开始时应由上半时没掷开球的队掷开球。每个决胜期前均应掷币选择开球或场区，上述规定同样适用于决胜期。得分后，由失分队开球重新开始比赛。

开球在比赛场地中央（允许范围为1.5米）进行，可掷向任何方向。在鸣哨后3秒钟内必须将球掷出。在球离手前，掷球队员必须保持一脚踏在中线上。在裁判员鸣哨以前，进攻队的队员不得越过中线。

在每半时比赛开始时（包括决胜期），所有队员必须位于各自的半场。但是，在得分后的开球时，对方队员可以位于任何一个半场。在任何情况下，防守队员必须距离掷开球的队员至少3米。

得分

射门之前或射门时，在射门队员本人及本队其他队员没有任何违犯规则的情况下，使整个球体越过球门线而进入球门，即得一分。球门线裁判鸣哨两短声并做得分有效手势，确认得分有效。

如果防守队员违犯规则，但球仍进入球门，应判得分。如果在整个球体越过球门线之前，裁判员或计时员已中断比赛，不应判得分。

如果队员将球打入本方球门，应判对方得分，但在守门员掷球门球的情况时例外。这里有一个特例，即球被任何未经许可进入场地的人员

（观众等）或物体挡住而未能进入球门，而裁判员确认该球在正常情况下必进门无疑，则应判得分。

一旦判得分且裁判员已鸣哨开球，对得分的判定不得更改。如果比赛结束信号恰在得分以后开球以前发出，裁判员必须明确表示得分有效（不再掷开球）。

射门动作

比赛中得分多的队为胜方。比赛双方得分相等或均未得分则为平局。

边线球

如果球的整体越过边线，或者在越过防守队的外球门线之前，最后触及防守队的场上队员，应判边线球。

掷边线球时裁判员不鸣哨，由球出界前最后触球队的对方执行。掷边线球应在球出界的地点执行，如果球是越过外球门线，则在球出界的一侧边线与外球门线交界处执行。

掷球队员必须一只脚踏在边线上，直到球离手为止。掷球队员不得将球放在地上然后自己再捡起来，或是拍球然后自己再接住。

掷边线球时，对方队员必须距离掷球队员至少3米。在任何情况下都允许队员紧贴本方球门区线外站立，即使他们与掷球队员的距离不到3米。

球门球

在比赛过程中，当出现下列情况时，应判球门球：守门员在球门区内控制球时；球越过外球门线且最后是由守门员或对方队员触球时。

在上述两种情况下，球被认为是"死球"。在判球门球后但掷球前，如果掷球队有犯规情况，守门员不得再次触球。

球门球由守门员从球门区将球掷出球门区线，裁判员无须鸣哨。当守门员将球掷过球门区线后，即认为掷球门球完毕。

守门员掷球门球时，允许对方队员紧贴球门区线外站立，但在球越过球门区线之前不得触及球。

任意球

判罚任意球

原则上，在出现下列情况时，裁判员应中断比赛并由对方掷任意球重新开始比赛：

（1）拥有球权的队犯规必须剥夺其球权时。

（2）守队由于犯规而使进攻队丢失球权时。

当然，为了比赛的连续性，裁判员应尽量避免因判任意球而过早地中断比赛。例如，当拥有球权的队犯规后，防守队立即就获得了球权，裁判员就不应该再判任意球。

又如，当防守队犯规使进攻队丢失球权时，除非进攻队很明显地是由于防守队犯规而丢球，或无法再继续进攻，否则裁判员不要去中断比赛。

如果要对犯规队员进行个人处罚，在不会给对方造成不利的情况下，裁判员可立即中断比赛。否则要等到当前进攻片断结束后，再对犯规队员进行处罚。

（3）如果按上述规则应判对方掷任意球的情况发生在比赛中断期

间，那么应根据比赛中断时的情况以相应掷球重新开始比赛。

（4）在没有任何违犯规则的情况下中断比赛时（中断比赛时球处于比赛状态）应掷任意球以重新开始比赛：

①在比赛中断时有一个队控制球，那么该队继续拥有球权；②双方都没有控制球，那么由比赛中断前最后一次控制球的队拥有球权；③因球触碰了天花板或场地上方的固定物而使比赛中断，应由最后未触及球的队拥有球权。

（5）如果判由对方掷任意球，持球的进攻队员必须立即原地放下球。

执行任意球

掷任意球时，裁判员通常无须鸣哨，原则上在违犯规则的地点执行，但下列情况例外：

（1）在进攻队犯规丢失球权或防守队犯规使对方丢失球权时，原则上要在比赛中断时球所在的位置，由裁判员鸣哨后掷任意球。如果是因球触及了天花板等固定物而使比赛中断，原则上要在球触及天花板或固定物的正下方，由裁判员鸣哨后掷任意球。

（2）如果裁判员或（国际手联、洲联合会或国家手协的）技术代表发现防守队的队员或官员违犯规则而中断比赛，在给予队员或随队官员口头警告或处罚后，比赛重新开始时，若在比赛中断时球所在的位置掷球比在犯规地点掷球更为有利，则应在比赛中断时球所在的位置掷任意球。

（3）由于消极比赛而判的任意球应在比赛中断时球所在的位置掷球。

（4）与上述基本程序不同的是，任意球是不能在本方球门区内或对方的任意线内执行的。在任何情况下，当犯规违例出现在以上两个区域内时，掷任意球的位置必须移至上述区域外最近的地点。

（5）如果掷任意球的正确位置在防守队的任意线上，这时必须在精确的地点执行任意球。掷任意球的位置距离防守队的任意线越远，允许掷球点偏离精确掷球位置的程度越大。这种偏离的限度最大可达 3 米，这适用于掷球队在紧靠本方球门区掷球的情况。

（6）一旦队员持球站到正确地点准备掷球，就不得将球放在地上然后再捡起来，或是拍球然后再接住。

（7）在球离手前，进攻队队员不得触及和越过防守队的任意线。

（8）掷任意球时，如果进攻队员在任意线和球门区线之间的错误站位有碍比赛进行，裁判员必须予以纠正。然后，鸣哨掷任意球。

（9）在裁判员已经为任意球鸣哨的情况下，如果在球掷离手以前，进攻队员触及或越过任意线，判由防守队掷任意球。

（10）掷任意球时，防守队员必须距离掷球队员至少 3 米。如果是在防守队的任意线上掷球，允许防守队员紧贴球门区线外站立。

七米球

判罚七米球

在比赛过程中，当出现下列情况时，裁判员应判罚七米球，判七米球时，裁判员必须鸣哨暂停：

（1）队员或官员在场上任何地点犯规破坏了对方明显的得分机会。

（2）错误的信号破坏了明显的得分机会。

（3）未经允许的人员进入场地破坏了明显的得分机会。

应当注意的是，队员或官员在场上任何地点破坏对方明显的得分机会时，如果进攻队员仍能完全控制球和身体平衡，即使其后进攻队员并没能利用好明显的得分机会，也无须判罚七米球。

每当有可能判罚七米球时，裁判员应推迟判罚，直至确认判罚七米球确有必要且正确后，才给予判罚。如在防守队员的防守犯规干扰下，进攻队员仍能继续射门得分，则无须再判七米球。相反，如果很明显地由于防守犯规而使进攻队员失去球权或身体平衡，从而失去了明显的得分机会，则必须要判七米球。

执行七米球

执行七米球的时候应当注意以下事项：

（1）七米球应在场上裁判员鸣哨后3秒钟内射向球门。

（2）在球离手前，掷七米球的队员不得触及或越过七米线。

（3）掷球后，在球触及对方队员或球门之前，掷球队员及其同队队员不得触球。

（4）掷七米球时，在球离开掷球队员的手之前，其同队队员必须位于任意线外，否则将判由对方掷任意球。

（5）掷七米球时，在球离开掷球队员的手之前，所有对方队员必须站在任意线外并且距离七米线至少3米。否则，若射门不中，将重掷七米球。

（6）掷七米球时，在球离开掷球队员的手之前，如果守门员越过守门员限制线，若射门不中，应重掷七米球。

（7）当掷七米球队员已持球正确就位准备掷球时，不允许替换守门员。在此情况下，任何替换守门员的企图都将作为非体育道德行为进行处罚。

执行掷球

不管是门球、任意球或七米球，在执行掷球前，掷球队员必须持球于手中。执行掷球时，所有队员都必须按照有关掷球的规则在场上就位。除特殊规定之外，在球离开掷球队员的手之前，所有其他队员都必须位于正确的位置上。错误的站位应事先纠正。

除掷球门球外，掷球队员在掷球时必须保持一只脚的一部分稳固地接触地面，另一只脚可以重复地抬起和放下。

当出现下列情况时，裁判员必须鸣哨开始比赛：

（1）开球或掷七米球时。

（2）在下列情况掷边线球、球门球或任意球时：

①暂停后重新开始比赛时；②在没有任何违规的情况下，掷任意球重新开始比赛时；③在队员延误掷球时；④纠正队员错误站位后；⑤在口头劝告或黄牌警告后。

鸣哨后，掷球队员必须在 3 秒钟内将球掷出。当球离开掷球队员的手时，即算掷球完毕掷球时，掷球队员不得将球递给本队队员，也不能在球离手前让本队队员触及球。

球离手后，在触及其他队员或球门前，掷球队员不得再次触球。除球门球（不能掷入本方球门得分）外，任何掷球均可直接得分。

掷边线球或任意球时，如果对进攻队立即掷球有利，裁判员不要纠正防守队员的错误站位。若对进攻队不利，则应予以纠正。

尽管防守队员站位错误，如果裁判员已经鸣哨掷球，则防守队员完全有权拦截。

如果防守队员站位距离掷球队员太近，或以其他犯规手段延误或干扰掷球，应判罚警告，重犯则应判罚出场两分钟。

PART 6

技术战术

棒球技术战术

投球的基本技术

投球

棒球是集体项目，但就其组成部分而言，大多数是一对一，个人对个人的对抗。这一点与篮球、足球等球类项目颇为不同。可以说，棒球在比赛当中主要是投手和击球员之间的对抗，即51%是个人之间的对抗，49%才是集体对抗。

棒球的每个攻守行为，也就是集体行动都首先从投手投球开始，首先从投手向击球员投球，击球员把投手投出来的球击出去开始。

投手投球时，没有人能帮助他；击球员击球时，也没人能帮助他。一投一击之间是个人的对抗。

击球员把投来的球击出之后，才有集体的攻守对抗。因此，先有个人之间的对抗，才有集体之间的对抗，个人对抗产生集体对抗，集体对抗是由于个人对抗而产生。在个人和集体对抗之中，投手投球又起着十

投　球

分关键的作用。投手把球投得很好，就能控制击球员的击球，就能全面控制对方的进攻。有没有进攻，有怎样的进攻，产生不产生集体对抗，产生怎样的集体对抗，是有投手发动的，在极大程度上也是投手决定的。因此说，投手在极大程度上决定着全局的比赛，且在一场比赛中起 70%～80% 的作用。

投球技巧

和其他运动项目一样，投球也需要讲究技巧。首先，要保持出球时的身体平衡：在人类的任何行动中，保持身体平衡是最为重要的，而对于有效的投球技术则尤有生物力学上的重要性，在正面投球和侧身投球中，从第一个动作到最后一个动作，平衡是控制体力的中心。

正面投球和侧面投球在轴心脚前掌落在投球板前时，身体的运动实际上是一样的，提腿的力量会在头部置于腹部纽扣（体力的中心）前而被上身和轴心脚所吸收，双手应放在身体中部，与下巴和腹部纽扣成一直线，提腿的膝部；臀部和双肩的角度和转动每次都必须一致，正如提腿的高度每次都必一致一样，脚部则应放在提腿的膝部下面。

如果身体重心在提腿达到最高点时，固定在轴心脚的前掌，那么身体的平衡是可以做到的。在正面投球，投手之所以后撤一步，其唯一理由是便于把轴心脚放投手板之上，在投手板后面作多余的动作只会有碍平衡。

在提腿提到最高点时，任何动作都有短暂的停顿，这时，投手具有最大的潜在力量，以便在伸踏脚向本垒板伸踏时变成投球动力。

投球的开始

投球技术需要长时间的苦练才能把握好。投球动作从伸踏脚后撤一步开始，便于轴心脚放在投球板前。当提腿到达最高点，双肩又靠近体前时，身体一定要取得平衡。

投手在提腿提到最高点，双肩靠近体前时必须保持身体的平衡，后脚（轴心脚）膝微屈，以保持稳定，此时投手绝不可挺立不住而垮下来，在后脚膝保持弯曲来保持身体向本垒板下俯动作的稳定同时，他的提腿膝部应在向本垒板移动前向下移动，双手靠拢直至身体开始向投球方向下俯。

身体重心的转移

当从投球土墩上向下传球时，身体向本垒板移动的方向是非常重要的。所谓方向，就是投手从轴心脚前掌触板到伸踏脚前掌落地过程身体重心的位置。如果动作是从平衡开始，那么，双脚把身体重心从后移前时（由于力学使用）应该还是平衡的。

按技术效应，这重心转移在伸踏过程中仍然是平衡重心的转移，而且只能通过轴心脚前掌触板到伸踏脚前掌落地来完成。

投手投球法——肩投法

肩投法俗称高压式投法，因为上肩投法的出手动作是抬举投球惯用手，再从至高点将球下压投出，有如将球由高处往下压而得此俗称。出手点一般为左手十一点至十二点方向、右手十二点至一点方向间的投法。

上肩投法是棒球最传统的投法之一，和四分之三投法一样，是最风行的投球姿势。这种投球法的挥臂动作和重心移动与斜肩投法几乎相同，只是在投球动作的最后阶段将手臂抬高使放球点转变至十二点到一点钟方向（右手）或十一点至十二点方向（左手），再用力将手臂及下半身向地面挥动，并利用较迟的放球时间，使球由高向低朝捕手方向飞去。

在欧美，使用与否纯粹看球员用得顺手与否来决定，但在日本却曾是当作王牌必备的投法来看待，而这可能是因为日本棒球漫画的误导，使人们以为日本投手只有上肩投法及下勾投法的刻板印象，事实上，从棒球传入日本至今，日本和各国投手一样，大部分的投手还是以斜肩投法为主，但王牌等级的投手仍然有使用上肩投法的风气。

由于放球点较高，使得放球时机的早晚对于投手投出的球路在落点上的差异会相当大，使曲球系、指叉系及速球系等垂直系球路的威力会因而加添，也会使打者在击球点方面受到一定的干扰，加上投球过程中的动作进行中给予打者的心理上的压迫感，使得这种投法显得霸气十足。

理论上，这种投手的球速会比较快，而实际上也确实如此，不过各联盟球速最快的投手却是用四分之三投法投球，但高压式投手多半能稳定以每小时 140 千米以上的球速主投比赛，且在日本，速球派上肩投法型投手往往又是主力先发，因此日本人以"本格派"来形容快速够快、控球稳健、压制力佳、斗志高昂且有王者气习的大投手，且多半是高压投手（但现今也有部分斜肩投球型投手被纳入）。

上肩投法进行当中，手臂挥甩的力道相当大，除使投手容易疲劳，还使得肩内肌韧带、后肩肌及胸肌需要承受巨大且剧烈的伸张及撅抗力道而造成惯用手肩部的负担，若长期承受大量的投球量容易造成肩伤问题，因此此类投手为了能增加这种高强度投法的承受力，平时在肩部肌韧带群、胸肌及后肩肌、大臂肌、二头肌、三头肌、下臂肌群、下半身肌韧带群的重训，还有肌耐力的训练等体能强化工作就显得十分重要。

部分投手还会不知不觉地出现手肘疲劳性下垂的情形，而使得出手位置不知不觉变得水平而使所投出的球容易成为偏高、水平、无劲的呆球而增加被长打的可能性。

投手投球法——斜肩投法

斜肩投法，亦称"四分之三"投法，是所有的投法中算是最符合人体工学及力学的投法，因为这种投手是对人体的结构而言最自然的投法，因为一般人在将手中的物品抛掷出去的时候，左手多半是以十到十一点钟方向之间（右手则是以一至二点钟方向间）的挥臂角度来投球，因此这算是所有的投手投法中最简单，且最容易上手的投法。

这种投法的特色是集结了各种投法的优点，且控球容易．投出的球路水平性及垂直性兼具，且因投球时肩部力量使用较少，对于肩部负担较低；若挥臂中段时手肘能抬到略高于肩线 1 到 1.5 厘米，则更能达到省力的效果，增强投球的续航力。

斜肩投法是棒球初学者最适合练习的投法，由于斜肩投法是最接近运动人体工学的投法，使得动作容易协调，而且有助于培养基本动作，对未来改练高压投法是有奠基性的作用。侧投的动作基础亦是如此（低肩侧投由于是低肩投法为基，故关系较远）。

但缺点是因为这种投法若挥臂时手肘低于肩膀的情形发生时，会给予手肘韧带相当大的拉扯力道，因此罹患投手肘（俗称"棒球肘"）、手肘内侧韧带撕裂伤的风险会较发生相同情形的高压投法来得高；其次是使用这种投法的投手众多，加上球路在高低的变化上较不如上肩投法所投出之相同球种，而增加打者有效击球面的广度，使得斜肩投法的球路容易被打者适应；第三是这种投球姿势会降低垂直系球种的变化幅度。

另外一个缺点是斜肩投法的投手在投球的特性上，由于球路横移及垂直变化均有水平，使得控球相对较为容易，但也因为球路较为水平，使用斜肩投法的投手众多，使打者适应球路的时间相对较短，使得采用斜肩投法的投手容易在第二轮打击开始球路被突破的可能性较其他投法来得高。

斜肩投法球路在垂直及水平角度的特性兼具，因此这种投法的球威不易因为身材上的限制而受到影响，只要掌握指法、放球点的技巧就能进一步制造变化，因此受到各种身材条件的投手欢迎，唯身材较为高大的投手使用斜肩投法的投手球威方面会因为较为水平的球路而减损身材上的优势，故身材高大的投手常会被会求改用高压法投球。

原则上，斜肩投法各种球路均能顺利投出，唯指叉系、曲球系、变速系等垂直系球路的效果稍差。

球速方面，理论上由于斜肩投法在投球力道的使用较少，使球速应会较高压法来得慢，也就是"牺牲些许球速来争取横移角度"，但现实上，速球派投手反而是以斜肩投法投球的为主。

投手投球法——低肩投法

低肩投法俗称为"下勾投法"，亦有"潜水艇投法"之别称。作为一反力学投球出手方式，低肩投法因为其出手点的因素，使肘、臂、腕角度及位置低于肩部而得名。"下勾投法"之别称则是因为此投手的出手方式为先将手臂下压至低于肩线，到制低点后再由下向上挥臂，将球投出，其动作有如将手中的棒球"从地面勾上来"而得此称呼。

由于低肩投法是将球由下往上带的方式投出，因而投出的球易有上飘的效果，加上使用此投法之投手不多，使同侧打者会因为不习惯其球路轨迹而适应上出现问题，影响打击发挥。

加上下勾投法为一反力学投球方式，因而投球时不易因为力学因素而将手臂施与之力量传至球心，致使此投法投出之球路多半会因为旋转速度增快而具有尾劲强的优点，使同侧打者更不易准确判断最佳击球点而错失打击良机。

由于投球姿势及出手方式明显有反力学之特性，对于扭腰动作之需求颇高，加上下半身之跨步需达到"大且低"的要求，使得投球动作在进行时，肩、臂、肘皆必须较其他投法使用更大之力量进行投球，会造成投球惯用手、腰部及下半身之肌肉群一定程度的负担，故有意使用低肩投法的投手，对于手臂、腰部、下半身之强健及柔软度会较其他投法的要求更为严格。

低肩投球和侧投及低肩侧投的优势相似，皆因球路刁钻、投球动作异于常态，使得打者较不容易立即掌握球路，尤其是同侧打者。但低肩投法球路之劣势也和侧投类似，即除非该投手具备足够威力之变速球，否则其球路虽对同侧打者具威胁性，却对于反侧打者相对有利，而多数低肩投手为右投，特别是担任先发的低肩投手，此倾向更为明显，使得左打较充足的球队通常较能应付低肩投手的投球。

投手投球法——侧投

侧投的投球方式与四分之三投法类似。在投球挥臂的过程中，部分投手会将身体明显向身前倾斜；投手挥臂动作与下勾技法的动作虽然类似，但会将出手的角度转为水平，如将手臂在挥臂力转为水平及减少上半身下探的幅度，使手臂能水平挥出，无论有何种方式投球，能使手臂水平挥出的投球，基本上就能算是侧投。

由于标准侧投的投球方式类似于四分之三投球，因而部分采四分之三投球法的投手会用突袭式侧投来扰乱打者节奏。

侧投手的球路水平横移的幅度较四分之三投法来得大，因此对于同侧打者有相当程度的威胁性，尤其是滑球及切球，而对于横向及纵向变化兼具的伸卡球（沉球）在下坠方面的威力会更大，会带会同侧打者内角的威胁，但对于反侧打击的打者来说，这些威胁却成为有利之处，但侧投投出的变速球对于所有打者都具有压制性，而且球威不受出手角度的影响，因此现在的侧投手对于变速球的训练相当有意愿，以增加对于相反侧打者周旋的本钱。

投手投球法——低肩侧投

低肩侧投是虽仍为侧投动作之一，但投球动作机制和侧投并不相同。以右投手为例，侧投的前半段肩膀重心和四分之三投法相似，但在低肩侧投却和低肩投法类似，到出手的时候才将出手点转放到 3～4 点钟之间。即低肩侧投的前半段动作是准备要进行低肩投球的动作，但到后半段再转为侧投方式出手。

日本及北美并没有将低肩侧投细分成一个分类，且两地给予低肩侧投的归类也不相同；在日本，低肩侧投被归为侧投，但在美国，低肩侧投被归为低肩投法。而台湾则是将介于侧投及低肩投法之间的投球方式另外细分成低肩侧投。

低肩侧投的球路特性类似于侧投，但球路更低，球路轨迹特性介于低肩投法与侧投之间，有利于横向变化球、上飘球路的使用。

接球

接球和传球是防守技术的统一体，两者不能分开。没有传球，就谈不上接球；没有接球，也谈不上传球。接球是为了传球；有传球，必有接球者。因此，接球是防守队员处理基础和传出的球，阻止击跑员上垒、进垒或进分，以及进行局部或全场战术配合必不可少的技术。

手套接球部位和正确使用

接球部位应在虎口和掌心之间，是手套的最深处。用掌跟接，球易弹出；用虎口接，向后缓冲突然，不安全，皮条易打断，夹不紧，球易掉。手套掌心和手臂基本成直线；手套的正面和来球应垂直。无论来球方向如何，均用手套的掌心对着球。

接球时，务必做到球在手套之上，否则易掉球。接球好的人有响声，主要是缓冲好和空气压力起作用；戴手套不宜过深或太浅。过深则不灵活，太浅则易被球打掉。戴手套可将食指放在手套背后。接手和游击手用此方法较常见，主要是接球多，食指放在手套背后，以防伤痛。

平直球

平直球是速度快、路线平直的球。高度在防守队员可控制的范围内，入接胸部以上的球，接球时手指向上；接胸部以下的球，则手指向下。接球时双手主动迎球没用戴手套的手掌接球，投球手在手套的拇指后面保护，双手沿来球方向顺势回收，缓冲球速，双手把球握在手套里，然后在向传球手的肩上移动，连接传球动作。

接击出来的球，要根据来球的方向，脚步要作相应的移动，以使球能落到最好的接球位置——胸部的正前方，来球的高度也应以身体的移动来调整，来球较低时向前移动或下蹲，来球较高时向后退或跳起来，双手高举接球。

传来的球一般目标较准，速度适当，不需要作太大的判定和移动，比较容易接好，但是偶然也会发生传球不准而出现失误的现象，接球时脚步与手法要作适当的调整。

高飞球

高飞球是攻方击球员击出来的球，目的是把球打到守方无法接到的地方，使守方得不到球，不能传杀，而能毫无顾忌地跑垒或得分。接高飞球最好的接球点是在前额的上方。球飞来时，首先应根据来球的方向、高度、速度判断球的落点，跑步移动到合适的位置，调整身体使球的落点在自己额头的前上方。

双脚分成左右肩宽而略前后开立，双膝微曲站稳，双眼注视来球，双手主动上局迎球，球触手套时顺势回收，缓冲来球的冲力，收到胸前连接传球动作。

高飞球在飞行中，除击出球的力量本身外，还有高球下落时的重力加速度，球的重量冲力都要加大，所以缓冲动作非常重要，否则会造成不应有的失误。击出的球是很突然的，方向是不确定，事先难以判断的。

击球员击出球后，防守队员快速准确判断，及时移动到位，是接好高飞球的保证。由于高飞球飞行的距离又高又远，有一定的飞行时间，接球时可以借此进行观察、判断和移动。弧线不大、球又高于守场员视平线的球，落点大约在前面；弧线大、球向上飞，看球时需要仰头的，球的落点就要在大后方。

根据球性快速移动到位，站稳接球，尽量避免边跑边接，如果需要跑动的范围过大，还要在球落地前接住球，就要"飞"出去扑接，接到球后尽最大努力保住球不失落，相应作出前扑、侧倒、侧翻滚等动作。

如果完成了这样的一个接球动作，就为这场比赛的这一局作出了很大贡献，有时甚至会影响一场比赛的胜利。但是一个关键的高飞球没有

接好或接球失误，也会导致失分甚至造成一场比赛的失败。

地滚球

地滚球是攻方击球员击出来的球落地后继续快速向前滚跳。地滚球偶尔也有速度较慢的，来球很突然的，方向不确定的，有时遇到地

飞身接球

面不平或有小石子，还会突然弹跳和改变方向，所以说地滚球是难测多变的，接这样的地滚球是有一定难度的。

预备姿势是双脚开立接近肩宽，双腿下蹲左脚略靠前，这是为了接球后与传球的连接或防止球突然跳起来，打伤接手的脸部。

接地滚球的队员多数都是内场手，除一垒手和投手外，都是右手投球的选手担任，这是由于专项技战术的特点而决定的；左手投手的一垒手、投手或外场手，接地滚球的动作与右手投球的选手完全相反。接球时双手前伸迎球，用手套的掌心接球，同时传球将球压入手套，双手缓冲回收到腹部，上体前压，双手向传球手的肩上移动，双脚垫步，前脚向传球方向伸踏，传球手将球从手套中取出同时握好球，经体侧向后方引臂连接传球动作，将球传出。这几个动作要连贯，节奏清楚，动作协调，才能正确地接到球和传好球。

传来球

传来球来自同队的伙伴，传球的目的是防守配合，一般都是目标准确速度适当，接起来很舒服，接球者一是直接完成传杀，二是接力传球，间接完成传杀。直接完成传杀时，在接球前看好被杀队员跑来的方向和速度，选好接杀的良好位置，向传球队员出示手套，示意传球目

标，为传球传准创造良好条件。

封杀局面时，传来球多为胸前球，接球时单脚踏垒双手正面接球；触杀局面时，传球高度一般在接球人的左膝处，接球人半蹲接球后连续触杀动作，便可以顺利连贯地完成一次传杀。

传球

传球是棒球技术中最重要的技术之一，也是取胜的重要保障。既然是传球，自然要先学会握球。握球的手法有很多种，其中四缝线握球法最为流行。四缝线握球法是棒球传球的基础握法，也是快速直线球的基本投法。握球时，姆指、食指及中指均垂直握于球体的缝合线。切忌球与虎口接触，以免影响球的转速而减弱速度。用力时，食指与中指向前拨球。

传球动作

准备传球时，（对于右手为惯用手者而言）左肘指向传球目标，两肩与地面平行，右小臂垂直与地面，右手手掌朝向正后方，手腕自然放松。左肘、左肩、右肩、右肘成一条直线。

练习方法

传球的练习方法有以下几种：坐地传球、单膝跪地传球、双膝跪地传球、双脚不动正对传球方向传球、双脚不动侧对传球方向传球、迈步传球练习等几种。传球时，上身动作基本一致，几种练习方法都是为了巩固和强化上半身正确的传球姿势。以下以单膝跪地传球为例加以详细说明。

第一步，右膝单膝跪地，右脚指向正前方（传球目标），上身直立。两手自然放于腰间。注意左小腿与右大腿垂直于地面，左大腿与右小腿平行于地面。

第二步，举起双手置于胸前，两手合掌准备分开。

第三步，向右转体约 90 度，同时双手于胸前略分开，微抬起双肘。

第四步，继续分开双手，向身体两侧抬起双肘；同时右手向身体后上方摆动，此过程中，右手握球手掌心始终向下。

第五步，继续抬起双肘，直至左肘指向传球目标，左手大拇指于胸前指向地面，右小臂垂直于地面，右手握球手手心向后。注意左肘、左肩、右肩、右肘成一条直线并平行于地面（简称肘肩一线）。

第六步，向左转体，同时带动右臂左转，右手逐渐转向前，右肘始终高于肩部；左臂画圆，左手自然收于腰间（左臂动作不可忽视，此动作可辅助肩部发力）。

第七步，尽量继续向左转体，右臂用力向下甩动，右手食指与中指用力向前拨球。最后随挥（右臂顺势摆向左腰附近，身体继续左转）。

其他的练习方法，上身动作基本一致，不一样的是由于下半身姿势的不同，发力的难易程度不同。从坐地传球、单膝跪地、双膝跪地到最后的正常迈步传球，发力越来越容易。所以练习的顺序应该是：坐地传球、单膝跪地传球、双膝跪地传球、双脚不动正对传球目标传球、双脚不动侧对传球目标传球、迈步传球。这样练习的好处是，一开始由于下半身不好发力，能更好地关注和重视上半身的动作。

击球

击球，俗称打棒，无论是打棒球还是看棒球，最吸引人的就是"大棒一挥，白球上天"和守方飞身扑接险球的精彩一刻。当然没有大棒，也就不会有飞身接球，只有击球员打出球，才能有上垒、进垒、滑垒和抢分等进攻活动。只有进攻才有可能取胜，防守再好，一分不失，最后

只能是平局。规则、规程不允许平局结束，最后延长比赛还要靠打棒取胜结束比赛。

击球技术是棒球运动中难度最大的技术。从投手投球出手到击中球，仅有 0.4 秒左右的时间，球棒最粗处直径只有 7 厘米，球的最大直径只有 7.48 厘米，球与棒在击球时的接触只有一个点，击球员在投球出手后观察判断好、坏球和决定打与不打及作出打击动作，全过程只有 0.3 秒左右，投手投球到击球员击球的距离只有 17 米左右。

在这样短的时间里，击球员要作出引棒、转体、伸踏、挥棒、发力中球、随挥这些动作，就足以说明击球技术的难度。上场的每个队员每人在一场 9 局的比赛中，要有 3～5 次这样的击球机会，比赛中击球员都想把球打远、打刁，打出好的水平，但不是短时间内可以练出来的，是要经过长时间无数次各种打击的练习，才能练成的。即使如此，在比赛中也不是每个人每一棒都可以打出随心所欲的球，而打击成功就可以成为英雄、功臣，击球的重要性就可想而知了。

长击

长击也称挥击，是击球的主要方法，目的是把球打远，最好是打出本垒打挡墙以外，至少可以安全得一分。如果垒上有跑垒员时，最多可以得 4 分，即"黄金本垒打"，"大满贯"。击球时，击球员面对本垒，侧对投手站立，准备击球，投手投球出手时，前脚向投手方向伸踏，上体略向后转，双手持棒向后引棒，两眼紧盯来球，判定是好球并决定要打时，后脚蹬地转髋，同时前手拉棒后手推棒，两臂协调配合，眼不离球，对准来球用力挥棒将球击出，击中球时两臂充分伸直，击出球后双手翻腕顺势随挥至肩上。

这样的长击如果有力击中球，可以打出远高飞球、平飞球、地滚球

等精彩的球，快速地击中适中的球点时，可以打到 120 米以外的本垒打，牺牲高飞球，也会成为强袭安打，有相当的威力。

在比赛中除特殊的局面、战术的需要外，多数是用这样的挥击强打。训练中长击的训练也是最多、最主要的内容。

触击

比赛中守方多注重防强打、防打大棒，采取较远一些的深守站位，为了打乱守方的防守阵脚和局部战术的需要，采取近击球把球击到内场近处，

长　击

增加守方的防守难度，从而借机上垒、进垒和抢分。

打近球的方法除短挥外，还有"触击"。触击时击球员不挥棒，握棒的双手分开，一只手握在棒的中部、一只手握棒的下端，投手投来球后，用棒轻触来球或等球触棒，把球打到内场的近处，给守方的防守造成困难。

触击的使用时机，一是防守队员深守时；二是进攻战术需要送垒或抢分时；三是投手投球速度很快，来球很难打，击球员突然改用触击上垒。触击的准备姿势分为公开触击和隐蔽触击两种。

公开触击时击球员进入击球区，就摆出触击的准备姿势，投手投来球后就做出触击击球。隐蔽触击时预备姿势采取一般击球姿势，投手投来球时立即改用触击，使守方的防守由于击球的突然变化而感到意外和被动。

触击的动作是投手投来球时，判定好球并决定要打时，双手将棒推

向前方迎球，把棒子持平以棒子的最好部位接触来球，球触棒时棒略微后收，缓冲来球力量，使球轻轻被击出而落于场内近处。触球时可随击球员的意图，转动棒的方向而使球击向击球员想象的目标。

触 击

触击虽不像挥击那样风采夺目，但在完成战术中，却可以起到非凡的作用，在战术上可以打出击球员本人上垒为目的的上垒触击，以掩护跑垒员进垒的送垒触击，以掩护跑垒员抢分的抢分触击。有时可能由于最后的一个抢分触击，使正常比赛获得胜利，所以狡猾的触击球在比赛中的作用是难以估量的。

跑垒

跑垒是队员击球上垒和上垒以后继续进攻的一项极为重要的基本技术。比赛中，攻方队员的上垒、进垒、偷垒以至得分，都是通过跑垒才能实现的。因此，跑垒是攻击的重要技术之一。若说球队的得分差异是决定在能否巧妙运用跑垒，也并不为过。能巧妙地跑垒，可协助打击力，增加得分机会，故跑垒与打击是球队增加分数时不可分割的重要攻击技术。

有人以为跑垒就像田径赛的赛跑，其实田径赛的赛跑与棒球的跑垒完全不同。田径赛的赛跑要抬高脚不顾左右面直跑就可以，但棒球可不行，要看左右的情况也要突然停下来，有时要来回跑，故脚要尽量放低，保持随时都能停下来的状态才可以。

跑垒员于进垒时应采取逆时针方向触踏一垒、二垒、三垒及本垒，才算得分。若被迫返垒，仍须依顺时针方向顺序返回。

跑垒步骤

成为跑垒员的第一个出发点是，当打到投手的球后开始向一垒冲击时，也就是所谓的起跑。没有起跑，就不可能成为跑垒员。跑垒的优劣决定于四个要素，即起跑、跑垒能力、跑垒法、跑垒意识。

从起跑到抵达一垒有 7 个部分：挥棒后的起动、起跑阶段、垒间跑阶段、冲刺阶段、踏一垒、减速和停止阶段、返回一垒或继续进垒阶段。

何谓挥棒后的起动？击球员在完成击球任务后，要尽快起动离开本垒向一垒冲去，速度应像短跑运动员参加百米比赛那样。在放棒和跑出击球区时，要立刻调整姿势，以低姿势跨出第一步来加速，其技术要点是：由于击完球后，重心的 6 成已顺势移向左腿，这时先用右脚前掌用力后蹬地和起动第一步（其实在随挥的同时已自然作好起动准备），第一步要小，身体前倾，两眼盯前方，同时，身体反方向右转，两臂自然摆动。

起跑阶段其实是加速阶段，路长约 5 米；这时身体仍保持前倾（不能突然抬身，以免影响跑速），步幅小，步频要快，加快两臂摆速和力度，全力奔跑在一直线上。

垒间跑阶段即途中跑，属匀速阶段，约 20 米左右。进入垒间跑时，身体获得较大加速后上体要逐渐抬起，蹬地抬腿加大，两臂摆幅和摆速也加大，两眼注视垒包和一垒指导员的手势。在半途要经过跑垒限制道。

若球在跑垒员背后接到，而跑垒员由于未经这条跑垒道内以致碰到传球，使传球路线改变时，会因妨碍守备被判为出局。在垒间跑阶段，

跑　垒

若一垒指导员手势或口语指示向二垒跑，击跑员应立即绕道拐弯跑垒。若防守队员在限制道内接球，击跑员有责任躲开他以避免冲撞，也有权力绕道往垒线内侧方向跑一垒。

冲刺阶段是踏一垒包前约3米的阶段。冲刺阶段的技术要点是：体前倾，弯背低头，以一垒后方为目标来全力冲刺（犹如百米冲线感觉）。

踏一垒时，用左脚或右脚踩均可，因每个人的跑速和步幅数不同，但每个人的步幅数是相对固定的。踩垒时务必用前脚掌踏垒包外侧的最近垒角，身体向外倾斜。

减速和停止阶段很难把握。在全速冲过一垒后，要减速，降低重心，身体稍后仰，头右转，眼观察球是否漏接，若漏接，应快速左转体直冲二垒（当然还要根据漏接程度来定），若球不漏接，最好在一垒包界外的4米范围内停下，并左转体，面向场内，观察攻守局面。

返回一垒或作好进垒准备是跑垒的最后一步。返回一垒时，务必从界外回垒，若从界内回垒则有被触杀出局的可能。若攻守行为仍在继续，在返回一垒后要作好进垒准备。

滑垒

滑垒是跑垒技术中一个重要方面，是指跑垒员奋力快跑，在接近垒包的一刹那突然降低重心，用手或脚滑进垒位。这样既加快了速度，又闪过了守方球员的触杀。滑垒技术好的运动员才能成为好的跑垒员。滑垒技术需要经过反复的练习，才能熟练地掌握。

滑垒的作用非常重要：滑垒技术不好，就无法进行盗垒；滑垒技术不好，中途不能降低速度。

在高速跑的状态下，为了触垒而不得不在垒前降低速度的话，就很容易被对手触杀。为此，需要滑垒，滑垒的方式大体上分为脚在前与手在前两种。一般使用的是脚在前的方式，根据情况，有时又不得不使用手在前的方式。细分起来，可以分为勾式滑垒、坐式滑垒、前扑式滑垒等。

所谓"勾式滑垒"，顾名思义就是在滑垒时，触垒的脚像钩子一样滑向垒。勾式滑垒是为了躲避对手的触杀而使用的，其有利点是既可以滑向垒包的右侧，也可以滑向垒包的左侧。

在滑向垒包的右侧时，身体倒向右侧，左脚脚尖朝上，右脚稍微抬起，向垒的右侧伸出。以左脚尖触垒，在触及垒包右侧前，脚尖保持伸直状态。在身体运动自然停止前，左脚一直保持着与垒包的接触。

在滑向垒包的左侧时，身体侧倒，侧身滑向垒，滑行时两脚不可触地，两膝弯曲，左脚向前伸出，并偏离垒包方向。在右腿弯曲的状态下，转左脚向垒，以脚背触向垒包。用左手触地，以减少冲击力。在勾式滑垒时，重要的是触垒的腿不要有不必要的弯曲。这是为了赢得触垒时间的需要。

坐式滑垒在棒球比赛中是使用最多、最安全的滑垒方法。滑垒可以从垒包的侧面进行，也可以从垒包的正面进行。在各种滑垒方法中。坐式滑垒可以更快地触垒，并可以在触垒后迅速地站起准备进行下一个动作。

滑垒从垒前3米左右的位置上开始，弯曲双腿中能自然弯曲的一侧腿。弯曲一侧的腿在下，依次用脚背外侧、小腿外侧和臀部着地呈坐地姿势接近垒包。抬起在上的另一侧的脚触垒。这时的膝部要稍微弯曲，脚后跟离垒，触及垒包后，利用滑垒的力量，迅速站起，准备随后的动作。

滑垒成功

如果为了减少滑垒坐倒时的冲击力，而以手扶地的话，会造成手臂的疼痛或受伤。所以，在滑行时双手要上举，身体重心放在弯曲腿上，这样就可减少受伤的机会。由于这是一种经常要使用的滑垒方法，因此要牢记动作的要领。

以上两种滑垒方法都属于脚在前的滑垒。前扑式滑垒是一种在紧要时刻使用的手在前的滑垒方法。前扑式滑垒，是在跑垒员离垒后的返垒、或者是在安全上垒或被杀出局的紧要时刻使用。使用时，双腿弯曲，上体前倾，身体向垒包方向鱼跃扑出。滑行时以胸和腹部着地。双手向前伸出，以靠近垒包一侧的手触垒。

开始练习时，要在草地、沙地上练习鱼跃动作。鱼跃动作熟练后，不仅要练习垒包正面的滑行，还要进行以垒包左侧或右侧为目标的滑行练习。比赛时成为跑垒员后，要带上手套进行滑垒，以减少触垒时的冲击力。

这种滑垒只有在难以判断是出局或安全上垒时使用，虽使用的机会不多，但对牵制球时，一定要大胆使用。

前扑式滑垒方法，对年龄较小的少年运动员，容易造成受伤，因此以不使用此方法为好。

盗垒

在棒球中，盗垒指跑垒员在投手投球时提前离开原垒包成功占领前方垒包的动作。在统计中盗垒通常被计为 SB。如果投手或捕手成功的通过传球将跑垒员阻杀，则称作盗垒失败（CS）。成功的盗垒不仅需要速度，还需要跑垒员对场上形势作出正确判断。

19 世纪时，只有跑者一次跑过不止一个垒包才被记作一次盗垒。例如从一垒成功上到三垒。苏格兰人胡格·尼克曾创下单季 138 次盗垒成功（按照当时的规则）。现代的盗垒定义从 1898 年开始实行，早期盗垒经常成功，各球队也经常使用，但现在一般只有在一方落后分数很多的情况下才会被迫实施。并且如果捕手无意将盗垒者杀出局，则不记盗垒，视为防守方的故意忽略。

盗垒者必须在投手出球的瞬间迅速起跑，如果提前起跑，投手可能会将球投向其他垒包以试图将跑垒者杀出局。在投手投球之前，跑垒者一般会离开垒包一段距离，以求将跑垒距离缩短，但同时距离不能过大，以防被投手牵制来不及回垒。

盗垒常常结合打跑战术使用，即通过暗语沟通后打者确定出棒挥击，这样可以使跑垒员多跑垒包，但是打跑战术缺点在于如果打者并没有挥到球或是击出飞球，便很可能造成双杀。

还有一种战术称为延缓盗垒，即等捕手将球传回给投手时实施盗垒，这一战术在美国职业棒球大联盟中很少被使用，但在大学联赛中却屡见不鲜。

二垒是最容易盗垒成功的垒包，也是最常被盗垒的垒包。因为它离本垒最远并且中间隔了投手丘，捕手传二垒经常要为了避开投手而传高抛球，这样就增加了球飞行的时间，而且很容易失误。三垒很难被盗，但经常有人成功。很少有人盗本垒，这需要过人的胆识。

当一、三垒有人时，进攻方可能采取双盗垒战术，即一垒跑者先起跑，诱使捕手将球传向二垒，使三垒跑者奔回本垒得分。当防守方察觉进攻方可能是采取双盗垒战术时，捕手大多仍会将球传出，但会由投手拦截或是二垒手、游击手趋前接球，以逼使三垒跑者回垒或争取时间再传回本垒阻杀跑者。

手球技术战术

手球的基本技术包括进攻技术、防守技术和守门员技术。每一项大的技术门类下又能分出许多小类，小类的下面又可以分出许多更小的类。总体而言，手球是足球与篮球的结合，其技术也是两者的有机结合。

进攻技术

进攻包括传接球技术、射门技术、突破技术和运球技术。每一项技术都必须发挥好、配合好，才能在进攻中取胜。

传接球

传接球是手球比赛中队员之间有目的地转移球。比赛中多采用单手传球，根据出手部位、移动方式和动作结构的不同，分为原地、行进间、跳起的单手肩上传球、单手体侧传球、甩传、低手传球、背后传球、颈头传球等。而接球多是双手接不同高度的球。如接高球，接平球，接低球。

射门技术

射门是得分的唯一手段，也是手球最重要的进攻技术。射门的方法很多，归纳起来有：支撑射门，即有一只脚或两只脚支撑在地面的射门，如原地射门、垫步射门、交叉步射门、跑动射门等；跳起射门，是为了争取空间优势和缩短距离摆脱防守队员的封挡，向上或向前跳起的射门技术；倒地射门，是为了摆脱防守扩大射门角度和接近球门，采用身体极度前倾，在失去身体重心平衡的状态下，倒地完成射门。另外，根据出球部位还可分为高手射门、肩上射门、体侧射门、低手射门和反手射门。

突破技术

突破是持球队员运用合理的移动技术超越防守人的方法，具有很强的攻击性，不仅可以直接射门，还可以打乱正常防守，为同伴创造进攻机会。根据突破的方向和动作结构的不同，分为同侧突破、异侧突破、跳步突破和转身突破。

运球技术

运球是控制球的队员 1 次或多次按拍从地面反弹起来的球的动作方法，持球队员通过合理运球可以调节和衔接个人技术，扩大活动范围，提高技术运用的机动性和灵活性。运球分为直线运球和变向运球等。

防守技术

防守技术包括防守对手、封球、打球、抢球、断球。在比赛中，防守队员只有将各项技术发挥好，并有机地配合，才能做到不失分。

防守对手

防守对手是防守队员运用合理的移动技术抢占有利位置，利用身体以及适当地借助手臂阻挠和破坏对手进攻的行动。防守对手是个人防守技术的综合运用。分为防守持球队员和防守无球队员两种。

防　守

封球技术

封球技术防守队员选择正确位置，利用手臂和身体来封挡对方射门球。用这种技术可以直接把球封住获得反击的机会，或者封挡住一定的角度，同守门员配合，破坏对方射门的准确性。封球技术有正面封球、侧面封球、跳起封球等。

打球技术

防守队员用单手突然准确地打掉对手控制着的球。分为打对方手中球和打运球两种。

抢球技术

争抢不属于任何一方的球。如抢封挡下来的球，抢守门员挡回和球门柱弹回的球等。关键是积极抢站有利位置。

断球技术

防守队员在准确判断的基础上，采用快速地移动截获对方传球。断球是发动快攻的最好时机，成功率高。断球一般有横断球和纵断球。

守门员技术

守门员技术包括基本姿势、位置选择、移动和挡球等技术。

基本姿势

守门员为了及时封挡不同方向射向球门的球，保持能随时向任何方向快速移动的姿势。

位置选择

守门员的位置选择是封挡射门角度的关键。通常守门员应站在球门线前 0.5 米球和两球门柱连线所形成的夹角的分角线上。

移动技术

守门员根据场上球的不停转移，为保持好正确的封挡角度，就必须不断地调整自己所处的位置，这就需要移动，守门员的移动技术有滑步、上步、跨步、跳步、交叉步等。

挡球技术

守门员在移动选位的基础上封挡对方射向球门的球。一般有手臂挡球、脚腿挡球和手脚配合挡球等技术。

手球战术

攻守双方在进攻和防守时，根据手球运动的规律而确定的集体协调配合的组织形式。分为进攻战术和防守战术两部分。

进攻战术

进攻战术包括进攻基础配合和全队进攻战术。进攻基础配合是2～3人之间的简单配合。这是全队进攻战术的基础，常用的有交叉换位、掩护、突破分球。

全队进攻战术分为全队快攻战术和全队阵地进攻战术。快攻战术是最有效的进攻手段。

防守战术

防守战术包括防守基础配合和全队防守战术。防守基础配合是2～3名防守队员之间组成的防守配合方法，常用的有关门、换防和补防配合。

　　全队防守战术包括防快攻战术和全队阵地防守战术。防快攻战术是在进攻失败后全队立即有组织地转入防守，首先要防守对方的快攻。阵地防守战术主要是区域联防，每个防守队员按照预定的防守队形，分布在球门区线前的范围内，根据对方的攻击距离、攻击方式和攻击点，进行有组织地联合防守。

PART 7 项目术语

棒球项目术语

判定

判定是裁判员根据判断所作出的决定。一般来说，判定没有抗议的余地，但裁判员运用规则错误所作出的裁决不在此限。

申诉

守队对攻队队员的犯规行为要求裁判员判定出局的行为叫"申诉"。

提出抗议

比赛队的主教练员认为裁判员执行规则错误，向裁判员提出改判要求的行为叫"提出抗议"。

投手犯规

垒上有跑垒员时，投手的不合法行为叫"投手犯规"。此时判各跑垒员安全进一个垒（但不判击球员一"球"）。

坏球

投手合法投出的没有直接通过"好球区"而击球员又未挥击的投球叫"坏球"。

垒位

跑垒员为得分而必须按逆时针顺序踏触位于内场四个角的位置叫"垒位"。垒位通常放置帆布垒包或橡胶板作为标志。

跑垒指导员

穿着与队员同样的运动服装，站在一、三垒外跑垒指导区内指导击球员击球和跑垒员跑垒的同队成员叫"跑垒指导员"。

四坏球上垒

击球员击球时得四个"坏球"而安全进到一垒的判定叫"四坏球上垒"。

击球员

在击球区内进行击球任务的攻队队员叫"击球员"。

击跑员

击球员完成击球任务后向一垒跑进的攻队队员叫"击跑员"。

击球区

击球员击球时站立的区域叫"击球区"。

投接搭档

投手和接手二人的组合叫"投接搭档"。

队员席

为上场队员、替补队员和其他穿着运动服装的本队成员准备的座位叫"队员席"。

触击球

击球员不挥动球棒而有意等球碰棒或用棒轻触来球，使球缓慢地滚入内场的击球叫"触击球"。

中止比赛

不论任何理由，经司球裁判员宣布中途停止的比赛叫"中止比赛"。

接住

守场员没有用他的帽子、护具、口袋或运动服的任何部分来接球，而是在球落地前牢固地把球握在手套或手中的防守行为叫"接住"。但如果在他接球的同时或接球后立即和队员或挡墙相撞摔倒以致将球失落时不算"接住"。如果守场员触及的高飞球又触及攻队队员或裁判时，即使被其他守场员接住也不算"接住"。如果守场员把球接住后在传球时失手将球失落（即第二动作），仍可判"接住"。在这种情况下，对"接住"的有效性应按守场员有足够的时间把球握住从而证明已把球控制住，同时传球又是自觉和有意等来确定。

接手

位于本垒后面的守场员叫"接手"。

接手区

接手在投手投球出手前必须站立的区域叫"接手区"。

死球

根据规则造成比赛暂时停止的球叫"死球"。这种暂停比赛的局面叫"死球局面"。

双杀

守场员使攻队两名队员连续出局的防守行为叫"双杀"。

双封杀

两个封杀造成的双杀叫"双封杀"。

封触双杀

先用封杀，再用触杀造成的双杀叫"封触双杀"。

界内球

合法击出的球如遇下列任一情况均为"界内球"：球停止在本垒至一垒或本垒至三垒之间界内地区时；击球在界内地区触地后越过一、三垒垒位后从垒位后面的界内地区滚出外场时；触及一垒、二垒、三垒垒包时；先落在一、二垒及二、三垒的垒线上或该线后的外场界内地区时；球在界内触及裁判员或比赛队员身体时；从界内地区上空直接越出本垒打线时。

界内地区

从本垒经一、三垒边线及其延长线一直到挡墙或围网（包括垂直的空间）以内的区域叫"界内地区"。

守场员选杀

守场员在处理界内地滚球时不传杀击跑员而传杀前位跑垒员出局的防守行为叫"守场员选杀"。

守场员选杀也适用于记录员记录：击跑员由于守场员处理击出的安打球时选杀前位跑垒员而多进一个或一个以上的垒时；跑垒员由于守场员传杀其他跑垒员而取得进垒时（盗垒或守场员失误的进垒除外）；跑垒员盗垒因守场员未采取防守行为而取得进垒时。对于因上述原因而取得进垒的击跑员或跑垒员在记录上应记为守场员选杀。

高飞球

被击出成高空飞行的球叫"高飞球"。

封杀

守场员对击跑员进行传杀或对由于击跑员上垒而被迫进垒的跑垒员进行传杀的防守行为叫"封杀"。这种攻守局面叫"封杀局面"。

弃权比赛

由于一方违反规则，经司球裁判员宣判另一方以9：0获胜而结束的比赛叫"弃权比赛"。

界外球

击球员合法击出的球如遇下列任一情况时为"界外球":球停止在本垒到一垒或本垒到三垒之间的界外地区时;地滚球在经过一、三垒垒位时,从垒位外侧界外地区滚入外场或继续滚出界外地区时;高飞球第一个落点在一、三垒垒位后界外地区时;球在界外触及裁判员,比赛队员的身体或其他障碍物时。

界外地区

从本垒经一、三垒边线及其延长线一直到挡墙或围网(包括垂直面的空间)以外的区域叫"界外地区"。

擦棒被接球

击球员击球,球擦棒后直接飞进接手的手或手套并被接住的击球叫"擦棒被接球"。没有接住就不是"擦棒被接球"。每一"擦棒被接球"均判一"击",继续比赛。擦棒球的击球如先触及接手的手或手套再触及身体并在落地前接牢时,为直接接住,判"擦棒被接球"。但先触及接手的手或手套以外的部位,如身体、护具后反弹出,即使该球落地前接住不属于擦棒被接球,而属于界外球。

地滚球

击球员击出在地面滚动或弹跳的击球叫"地滚球"。

不合法投球

投手违反下列任一规则的投球均判"不合法投球":投手的轴心脚

没有踏投手板而向击球员投球；急速向没有准备好的击球员投球。"不合法投球"判击球员一"球"。垒上有跑垒员时的"不合法投球"判"投手犯规"，垒上的跑垒员都安全进一个垒，但不判击球员一"球"。

内场手

在内场各位置进行防守的队员叫"内场手"。

内场高飞球

在两人出局前，一、二垒或一、二、三垒都有跑垒员时，击球员合法击出内场或内场附近并为守场员（包括外场手）轻易接住的界内高飞球（平直球和用触击法击出的高飞球除外）叫"内场高飞球"。这时判击球员出局，继续比赛。

在上述局面下，如果击出的球明显是"内场高飞球"，裁判员为了保护跑垒员应立即宣判："内场高飞球，击球员出局！"如果击出的球接近边线上空时，一时难以判定是界内球或界外球时，裁判员应立即宣判"内场高飞球"。"内场高飞球"是继续比赛局面，跑垒员可冒险进垒，如果该高飞球被接杀，如同对待普通的高飞球，跑垒员须负"再踏垒"的义务，否则有被杀出局的危险。如果击成界外球，则改按界外球处理。

同样在两人出局前，一、二、垒或一、二、三垒有跑垒员时，击出高飞球并未碰触守场员，落地后在一、三垒前弹出界外则应判"界外球"；如落在边线外在一、三垒前弹入界内应判"内场高飞球"，击球员出局。

飞行状态

指击出、传出或投出的球在触及守场员前还未触及地面或其他物体的状态。

出局危险

指在继续比赛过程中攻方队员处在有可能被判出局的危险状态。

局

局是全场比赛的一部分。比赛双方分别因三人出局而交换攻守各一次为"一局"。一方一次进攻为半局。

妨碍行为

凡影响比赛队员进行正常攻守活动的行为叫"妨碍行为"。

活球

处于继续比赛过程中的球叫"活球"。

平直球

击球员击出的强劲、直线、未触及地面飞行的球叫"平直球"。

阻挡

守场员没有持球，也不是正在处理球而阻碍跑垒员进行跑垒的行为叫"阻挡"。

出局

攻队队员被取消击球、跑垒或得分的权利或防守队为使本队改守为攻，使进攻队失去三次进攻的机会之一叫"出局"。

外场手

在外场各位置上进行的防守的队员叫"外场手"。

滑出垒位

攻队队员从本垒进入一垒除外，凡因滑垒过头致离开垒位的行为叫"滑出垒位"。

投手

被指定向击球员投球的防守队员叫"投手"。

投手的轴心脚

投手在投球时踏触投手板的脚叫"投手的轴心脚"。

急投

投手有意乘击球员尚未做好击球准备，急速向其投球的行为叫"急投"。这是不合法投球。

再踏垒

跑垒员按规定再次返回原垒位的触垒行为叫"再踏垒"。

得分

攻队队员击球后跑垒员依次踏触一、二、三垒，最后安全踏触本垒的进攻行为叫"得分"。

夹杀

守场员对跑在两个垒之间的跑垒员进行传杀的防守行为叫"夹杀"。

跑垒员

正在进垒、触垒或回垒的攻队队员叫"跑垒员"。

安全

裁判员对跑垒员合法取得占有垒位的判定叫"安全"。

侧身投球

投手以身体一侧对着击球员投球的姿势叫"侧身投球"。它是两种合法投球姿势的一种。

抢分触击

在三垒有跑垒员时，运用触击法使三垒跑垒员抢进本垒得分的一种进攻战术叫"抢分触击"。

好球（"击"）

投手的合法投球如符合下列任一情况时为好球（"击"）：击球员击球未中（包括触击）；击球员未挥棒击球，但该投球的任何部分在飞行状态中通过好球区的任何部分；两"击"前击成界外球；触击成界外球；击球未中而球触及身体（包括触击）；未落地的球通过"好球区"时球触及击球员的身体、衣服时；"擦棒被接球"。

好球区

在本垒板的垂直上空，高度在击球员肩部上沿与裤腰上沿的中间平行线以下，低限在双膝膑骨下沿以上之间的立体空间区域叫"好球区"。好球区按击球员准备迎击投球时所采取的站立姿势判定。

改期续赛

裁判员因故宣布提前中止比赛并另行定期继续将其赛完的比赛叫"改期续赛"。

触杀

守场员用手或手套牢固地将球握住，同时以身体任一部分触垒或持球的手或手套碰触跑垒员的防守行为叫"触杀"。

传球

守场员用手或手臂把球传向既定目标的防守行为叫"传球"。"传球"与投手向击球员的"投球"应予区别。

平局比赛

经司球裁判员宣布两队得分相等而终止的比赛叫"平局比赛"。

触及

触及队员或裁判员身体、衣服或其用具的任何一部分叫"触及"。

三杀

防守队员将攻队三名队员连续传杀出局的防守行为叫"三杀"。

暴投

偏离本垒板致使接手无法经过正常防守行为的努力接住的投球叫"暴投"。

正面投球

投手以身体正面对着击球员投球的姿势叫"正面投球"。它是两种合法投球姿势的一种。

一垒手

一垒手指处于内场一垒左侧、负责防守一垒周围地区的队员。其职责主要是封杀对方击跑队员，并与投手、三垒手组成防线，控制内场前半部分。

二垒手

二垒手指位于内场二垒右侧的队员。其职责是负责防守一垒、二垒周围地区及投手后面的防区；此外，协同游击手牵制或截杀二垒跑垒员以及补位、补垒和接应等。二垒手要求有较强的接球能力和触杀能力，并能灵活地运用战术，防止对方进攻。

三垒手

三垒手指位于内场三垒右侧的队员。其职责是负责防守三垒周围地区；接获击向三垒前后和右侧的球；另外触杀向三垒偷进的跑垒员，同时配合投手和接手牵制三垒跑垒员，并进行补位、补垒。

双盗垒

双盗垒指进攻队利用跑垒员在一、三垒同时发动盗垒，或一个跑垒员连续盗两个垒，使守场员传球失误而得分或进垒的进攻方法。

手球项目术语

3－3 防守阵形

3－3 防守阵形是手球运动中诸多防守阵形之一。站位是由 3 名移动、配合好的队员站在任意球线外的空位置，另外 3 名队员站在球门区前，形成双线防守。这一阵形是对付重视中区进攻并拥有 2～3 名的远射队员而左、右侧锋较弱对手的有效方法。

3－2－1 防守阵形

3－2－1 防守阵形是手球区域联防中的一种防守形式。它的特点是纵深性强，防守的重点在中区。它要求队员个人防守脚步移动、防守的伸缩性及整体防守能力强。

6－0 防守阵形

6－0 防守阵形也称"一线防守"。站位是由 6 名防守队员站在球门线前形成一条略弯的弧线。身材高大和防守技术好的队员在中间，边锋安排在左、右两侧，形成面对面防守。防守对方持球者时，队员站位适当突前，同时邻近同伴靠拢保护，阻止对方突破。该阵形是对付对手突破能力强但缺乏应变的一种有效方法。

4 – 2 防守阵形

4 – 2 防守阵形站位是由 2 名灵活、速度快的队员站在任意球线前约与球门成 45 度角的位置上，另外 4 名队员站成一条略弯的弧线，分布在球门区前。该阵形是综合 3 – 3 防守和一线防守的防守阵形，是对付对手 2 名内锋远射能力强、边锋较弱的有效方法。

5 – 1 防守阵形

5 – 1 防守阵形的站位是由 1 名技术全面、移动较快、耐力较好的队员突前站在任意球线附近，其他 5 名队员一字排开在球门区前。此防守方法能有效遏制对方战术配合与控制正面远射的发挥。若战术需要，可死盯住对方 1 名威胁最大的队员，其他人做区域联防。该阵形是对付对方有 1 名远射手或 1 名组织能力较强的核心队员的有效方法。

人盯人防守

人盯人防守指防守队在预定范围内，每个队员看守 1 名对方队员的防守阵形。可在任意球地区半场或全场进行。通常能打乱对手的配合，延缓进攻速度，为抢断球创造良好的条件。

小角度射门

小角度射门一般指小于 30 度角的边锋射门。通常左边锋采取跳起体侧射门，右边锋用"鱼跃倒地射门"。动作要旨是：进攻队员向罚球线方向跳起，持球手臂向侧面充分展开，以扩大射门范围。此射门方式命中率比外围射门高。

引球

引球是射门的重要有机组成部分。包括射门持球后引和观察目标两个方面，前者可以增加投掷力量，后者为挥臂出手做准备工作。有弧形引球、直肘引球和提肘引球三种方式。远距离时，多用弧形引球；而内线和切入射门多用直肘引球和提肘引球，避开防守的封球和打球。引球速度要快，上臂与小臂角度不宜太小，否则影响射门动作的协调性和射门力量。

反弹传球

反弹传球是传球者借助地面的反弹把球传给同伴的一种传球方法。它具有着地点低、不易被防守者抢断的优点。多用于供内线队员的传球。选择好反弹的着地点是传反弹球的关键。要根据传球人、接球人与防守人的距离来掌握反弹点。一般反弹点应在传球人距接球人距离的三分之二处。

内外配合

内外配合指利用内线与外围队员的各种掩护、策应等配合，给外围远射制造机会，或出其不意将球传给内线队员射门的配合方法。进攻中，要安排 1~2 名队员在对方球门区线前创造射门机会，称"内线队员"。其他进攻队员在任意球线附近传球配合进攻，则称"外围队员"。

区域联防

某方攻转为守时，其队员快速退回到本方球门区线前，按规定防守队形防守一定区域，相互配合，形成集体配合防守阵形，叫"区域联防"。基本阵形有 6 − 0 防守阵形、5 − 1 防守阵形、4 − 2 防守阵形和 3 − 3 防守阵形等。

区域联防要求防守阵队员相互配合，依球的方位变化，积极、迅速地移动，保持密集防守队形。当对方突破后攻击时，要协同队友合作相互补位，发挥集体防守的作用。

队员位置

手球赛中队员防守和进攻时的站位称队员位置。在比赛中，进攻时，上场队员的位置名称除守门员外，其他队员一律称为"锋"。内线队员称"内中锋"，外围队员依次称为"左边锋"、"左内锋"、"外中锋"、"右内锋"、"右边锋"。

防守时的位置统称为"卫"。依次称"左边卫"、"左内卫"、"左中卫"、"右中卫"、"右内卫"和"右边卫"。

甩传

甩传是手球比赛中灵活性大、实用价值较高的传球方法。因为甩传动作小、结构简单、出手快，又能和突破技术紧密结合，所以常用于突破后的分球、短传推进的传球、供内线球和快板球等。它具有较大的威胁性，被各队广泛运用。传球时单手掌心向下持球，以肘关节为轴，小臂、手腕急促向外围甩动，最后用拇指拨球的力量将球传出。

打球

手球规则规定，不允许从对方手中抢夺球，但是可以打落对方手中的球以及破坏对方控制着的球。它包括打对方手中的球和打运球。打球包括从正面、侧面、背后打三种方式。

头后传球

同背后传球一样，头后传球也是一种隐蔽性较强的传球方法。比赛中多与单手肩上射门动作结合运用，如供内线球时可采用头后传球技术，它具有较大的实用性。传球时小臂向头后摆动，用扣腕及食、中、无名指的拨球力量将球传出。

传接球

传接球是手球比赛中队员有目的地转移球的方法。它是组织进攻、协调队员之间联系的纽带。传接球技术的好坏，直接影响着队员其他技术的发挥和全队配合的质量，也标志着一个队水平的高低。它是手球运动的一项重要技术。

交叉步

交叉步是一种为了快速起动和改变身体位置的脚步动作方法。如防守滑步前的起动、交叉步射门等。

关门配合

关门配合是指邻近的2个防守队员协同防守配合的方法。当进攻队员在任意球线附近接球时，防守队员应及时迎前防守，以身体堵截其突破。邻近的防守同伴要防持球人突破同伴防守，及时迅速地向同伴靠拢，必要时需要像关两扇门一样，与同伴一起堵住突破路线。

手球比赛由于规则规定持球可以跑3步，因此单靠一个队员单独防守对手的突破还是有困难的，必须借助临近队员的协助，才能有效地完成堵截对方突破的任务。

同侧突破

同侧突破在手球运动中被运动员广泛采用。个人突破、连切配合中的突破、向上跳起射门、假动作的突破多采用同侧突破。由于同侧突破是向投掷臂一侧的突破，有利于保护球，并可根据防守的情况随时突然起手"冷射"，所以攻击性较强。

这种突破技术动作的关键是，第一步迈出的步子不要过大，以达到错位为目的；第二步稍大，可起一定的制动作用；第三步稍小并快速向球门方向迈出，蹬地起跳射门。

异侧突破

异侧突破在外围和小角度都可采用。由于异侧突破是从非投掷臂一侧突破，容易出现空档，射门易被封挡。如能把此种突破同鱼跃倒地射门结合运用，就能有效地避开防守人的封挡，效果更好。

异侧突破技术动作的关键是左脚向右前方迈出第一步的同时，右脚的第二步一定要积极前跟，上体向左转，在迈左脚的同时上体迅速向右转蹬地起跳射门。

场上队员

手球比赛中，双方上场队员各7名，1名守门员，6名场上队员，包括2名边锋、2名内卫、1名中锋、1名中卫（后卫）。

防守快攻

防守快攻是防守战术的重要组成部分。手球比赛，进攻与防守是对立的统一，它们彼此既相互制约又相互促进。防止快攻最有效的方法是提高本方进攻的成功率，最大限度地减少传接球失误以及犯规、违例等现象，大幅度地提高射门命中率，这样可以减少对方发动各种快攻的机会。当对方一旦发动快攻时，防守快攻的方法一般采用争抢球门区球、拦截快攻第一传、堵防两边以少防多、守门员出球门区去断球等战术。

守门员技术

在比赛中，守门员要随时挡住对方射来的球。常用的技术有准备姿势、位置的选择、脚步移动、手臂挡球、腿脚挡球、手臂腿脚配合挡球和掷球等。

向上跳起高手射门

向上跳起高手射门是手球比赛中常用的重要技术动作之一。由于此种射门能有效地获得出手高度而超越对方的防守，所以常常为高大队员在中远距离射门时采用。跳起后通过在空中的转髋转体、以肩带肘的鞭打动作，最后屈腕，以食、中、无名指的力量将球射出。

向上跳起高手射门，可采用一步、两步或三步助跑起跳。出球部位可以在头上，也可以在肩上，遇对手封球时，还可变为体侧出手。

向前跳起单手肩上射门

向前跳起单手肩上射门是手球比赛中运用最广泛、效果较好的一种射门法。由于它能有效地接近球门，缩短射程，并能使身体获得较大的前冲力，易摆脱对方的防守，增大射门力量，所以快攻结束部分的射门及突破对方防守后的射门，多采用向前跳起射门的方法。

这种方法跳起在空中后球已同时引到肩上，射门时转髋转体带动手臂向前挥摆，最后屈腕，以食指、中指和无名指的力量将球射出。这种射门动作可根据距球门的距离采用一步起跳射门或两步、三步起跳射门。

向侧倒地射门

向侧倒地射门指队员身体侧对球门倒地或身体向一侧倒地的射门方法。这种射门技术动作的关键是脚要蹬地，抬头挺胸，全身伸展，快速收腹，转体挥臂射门。

向前倒地射门

向前倒地射门指射门队员身体面对于门向倒地的射门方法。多用于内线队员接球后转身射门，罚七米球时也常采用这种射门技术动作。这种射门技术动作的关键是射门时支撑脚积极蹬地伸直膝关节，随之快速转体挥臂射门。

直线运球

直线运球是比赛中常见的一种技术。特别是在快攻时经常采用。它包括高运球和低运球。在快攻中，已经摆脱了防守时，为了加快跑动速度，尽早接近对方的球门，调节射门点和距离时多采用高运球。低运球一般是在贴近防守队员的情况下，为了组织进攻、调整步法和动作时采用的运球技术。这种低运球一般只运球一次。

防守对手

防守对手是防守队员在比赛中合理地运用脚步移动，积极地抢占有利位置，利用身体以及适当地借助手臂的力量，阻扰、破坏对方的进攻动作，借以达到占据主动权的防守行动。

防守对手是个人防守技术的综合运用，它是全队集体防守战术的基础。根据比赛的具体情况，防守对手有两种形式：一种是防守无球队员，另一种是防守持球队员。

防守无球队员

防守无球队员在整个比赛的防守过程中，占有相当的比重。据统计，在一场比赛中，防守无球队员要占全场防守时间的80%以上。因此，它是防守技术中的一个重要组成部分。防守无球队员的方法包括防守位置和距离的选择及防守步法。防守位置一般选在进攻队员与球门之间略偏有球一侧；防守距离则应根据对手距球门和球的远近来决定；防守的步法一般采用平步防守。

防守持球队员

在手球比赛中，防守持球队员的时间虽是短暂的，但持球队员直接或间接射门得分的威胁是非常大的。因此，防持球队员要尽可能地阻扰、破坏和影响其做各种进攻动作。防持球队员包括防射门、防突破和防传球。防守位置一般选择在对手与球之间靠投掷臂一侧；防守的距离要根据对手距球门的远近和进攻意图来决定；防守的步法一般采用斜步站位。

传球

传球有原地传球、跑动传球、跳起传球和隐蔽传球四种。按传球部位，则又分为肩上、高手、体侧、低手、头后、背后以及摆传等方式。其中最常用的是原地肩上传球和跑步中传球两种。

传切配合

传切配合指传球和切入相结合的技术。分直切、斜切、横切和连切等。动作要领是：进攻队员将球传出后，以变向、变速跑结合身体假动作摆脱对手，快速切向球门区，接住同伴及时传回来的球进行进攻。要求配合时间隔距离拉开，不但使防守队员之间失去相互支援的可能，而且能扩大切入与传球的空档。

交叉换位

指进攻队相靠近的 2～3 人在对方防线前做交叉跑动互换位置，用于打乱对方的防守阵形，使之出现漏洞，压缩防守的区域，伺机突破和射门，称交叉换位。

出手

出手指射门中运球出手时球所在身体的部位。出手部位的运用，根据防守队员的位置和姿势来决定。如右手掷球，肩上射门的球从射门队员肩部出手，高手射门从头上出手，侧体射门从身体侧方出手，低手射门从腰部以下出手，异侧屈体从头部左上方出手。

运球

运球是个人攻击和组织战术配合时采用的一种方法。运球时，拍球的手五指自然分开，掌心向下，以肘关节为轴，下臂上、下摆动，手指、手腕柔和地用力按拍球上方，用手指控制球速和方向。

运球突破

运球突破指在持球运动的过程中完成对防守方的突破。动作要领是：利用运球前后均可持球走 3 步的规定，于接球走 3 步后再进行运球突破。常用于运球的进攻队员所处的位置距球门区较远而需突破后继续运球前进时。

快攻

快攻即快速进攻，按发动时机，有掷球门球快攻、掷界外球快攻、掷任意球快攻和抢断球快攻等。按形式有长传快攻、短传快攻和运球快攻。要求从防守转入进攻时，以最快速度、在最短的时间内把球推进到对方球门区前，造成以多打少的优势；或人数相等时，乘对方立足未稳，快速出击。

断球

断球指抢截对方传球的防守技术。动作要领：寻觅控制对方传球路线的适当位置，动作隐蔽，在对方球出手瞬间，以最快速度跃出断球。要求行动果断，身体充分伸展。

断球时可以用双手接球，或用单手拍球，以便顺势及时转人进攻。在对方进攻中，突然断球成功，不但可以转守为攻、以多打少、射门得分，同时也给进攻者心理上造成压力。

快攻射门

快攻射门是中国手球运动员最先运用的射门方法。在进攻配合中，把防守队员吸引到进攻方向一侧，突然将球传向另一侧球门区上空，另一侧队员则乘对手不备，快速切入，从球门区线外跳进球门区上空，在身体上升至最高点时接到传球，顺势将球引至右肩上，当身体开始下落时，利用挥臂、甩腕和收腹力量将球射出。

抢球

抢球指争夺不属于任何一方的球。一般发生在球门区附近。双方争夺攻方射门后从球门和守门员弹挡回来的球以及被防守队员封挡下来的球，有时抢接空中球，有时抢从球门区滚出的地滚球。

低手传球

低手传球指传球时主要靠屈腕和手指拨球的力量把球传出的技术。多用于外围交叉换位及掩护配合的传球，可采用单手或双手在体前、体侧或体后出手，灵活性较大。

低姿防守

低姿防守指防守时，两脚前后或左右开立，两膝微屈，身体重心落于两脚中间，多利用滑步保持正确的防守位置。常用于防守对方内线队员或持球突破者。

补防配合

补防配合指某一防守队员被持球者突破时，邻近的防守队员应主动放弃自己的对手，立即去封堵这个已超越同伴并构成严重威胁的进攻者。在比赛中只靠一个人防守住持球的进攻者是很困难的。当防线被突破的瞬间，防守队员应在协防的基础上，果断地进行补防配合。

单手体侧传球

单手体侧传球是手球比赛中常用的一种传球方法。由于体侧传球动作幅度小、出手快，并便于同其他突破、射门技术结合运用，故能够创造良好的进攻机会。它多用于外围转移球及供内线球，根据传球的方向，可分体侧向外传球和体侧向内传球两种。

单手肩上传球

单手肩上传球是比赛中最常用的一种传球方法。这种传球迅速有力，可用于不同距离、不同方向、不同位置，并能与射门很好地结合运用，具有较强的攻击性。此技术多用于快攻长传和阵地战时外围的转移球。

单手头后传球

传球时右手引球至右肩上方，做出肩上传球或射门动作，与引球同时，上体向右转动，大臂不动，主要靠小臂屈摆和快速抖腕、压指的力量将球从头后向另一侧传出。其特点是快速、突然、隐蔽性好。一般是外线队员传球给内线队员或向掷球手另一侧的同伴传球时所采用的一种近距离传球方法。

转身

转身指队员以一只脚为轴，另一只脚蹬地后向前或向后跨出，使身体转动，改变自己站位方向的一种脚步动作方法。它分前转身和后转身两种。

转身突破

转身突破指利用身体的转动超越防守人的突破技术。这是一项有实用价值并有很大发展前途的技术。如果左右手都能射门，则具有更大的攻击性。这种突破在外围和小角度皆可采用。其动作特点连续性强，当突破的第一步迈出后要紧跟转身后撤步，另一步立即迈出，抬头、挺胸、转体、挥臂。

变向运球

当对方采用盯人防守时，为了运球突破对方，多采用变向运球。当对手阻挡运球路线需做变向运球时，可快速用手拍按球的侧上方，突然向左或向右改变运球的方向，随即上步转体保护球，借以摆脱对方的阻截，加速前进。

突破

根据比赛运用情况，可分为徒手突破、持球突破和运球突破三种。突破是以脚步动作为基础，有时也进行运球突破。进攻者可充分利用允许持球走 3 步的规定，运用各种步法和假动作突破防守者，以达到进攻的目的。

持球

持球是射门和传球的准备。有单手持球法、双手持球法。单手能抓住球，比较灵活，所以手球运动主要采用单手持球法。双手持球则较牢固，多为少年运动员或手较小的运动员所采用。只有运用娴熟的、正确的持球方法，才能将球迅速、有力地传出、射门。

持球突破

持球突破是个人攻击得分的重要手段之一。持球突破时，要快速蹬跨 3 步从对手身边切过，包括观察判断、接球、控球、假动作、脚步动作、摆脱防守射门等基本内容。持球突破也作为一种战术被广泛应用。

急停

急停指队员在跑动中突然制动速度的一种动作方法。它是各种脚步动作衔接和变化的过渡动作。比赛中急停更多是与其他技术结合在一起运用。它包括跨步急停和跳步急停两种动作。

背后传球

背后传球是一种较隐蔽的传球方法。在阵地进攻突破分球时使用较多。另外，队员结合体侧或低手射门的假动作用单手背后传球供给内线队员球等，也常收到比较好的攻击效果。

封球

封球指利用合理的手部动作，来破坏对方进攻的一种积极办法。封球时，要准确地判断对方射门的意图，在其出手射门的一刹那间，两臂迅速举起，两手靠拢，对准对方出手的位置，用双手或双臂来封盖对方的球。有正面封球、侧面封球、原地封球、跑动中封球和跳起封球等。

突分配合

突分配合指持球队员突破时，遇防守队员"关门"，将球及时分给邻近同伴队员所进行的一种简单配合的方法。手球比赛由于防守队经常会根据进攻队无外围远射手而突破技术好这一特点而有针对性地采用6-0一线的防守战术。进攻队在进攻6-0防守或6打5时常采用一次突分不成功接着进行第二次、第三次连续的突分配合，以打乱对方的防守部署，取得无人防守达到射门得分的目的。

战术基础配合

战术基础配合指 2~3 人之间组成的简单配合，它是组成全队战术的基础。有了熟悉的战术基础配合，才能有灵活多变的全队战术。手球战术基础配合包括进攻与防守基础配合两部分。

起动

起动指队员在球场上由静止状态变为运动状态的一种起始的动作，是获得位移初速度的方法。在进攻中运用起动摆脱防守，在防守中运用起动看住对手，保持或抢占有利位置。

换防配合

换防配合指防守队员为了破坏进攻队员的交叉换位和掩护配合，及时与同伴交换自己所防守的对手的一种配合方法。手球比赛的防守多采用区域联防，为了寻找射门机会，进攻队会不停地进行交叉换位。有时也进行掩护配合。因此，换防配合主要是为了破坏交叉换位和掩护配合的一种防守战术基础配合。

徒手突破

徒手突破指突破时不持球进攻队员运用各种脚步动作改变速度和方向，并利用转身和假动作，来避开和突破对手的防守。有变速突破、变向突破和转身突破三种形式。

射门

射门是比赛中进攻技术和战术运用的最终目的，只有通过射门得分来决定比赛胜负。因此，它是一项关键性技术。通常包括原地射门、跑动射门、跳起射门、倒地射门等；按手球出手部位分肩上、高手、低手、异侧屈和反手射门等方式。

接球

接球指获球的动作。有单手接球和双手接球两种。按来球高度不同，又可分为上手接球、下手接球、接地滚球和反弹球等。

跳步突破

跳步突破是指持球队员利用双脚平行跳动，形成与防守人的错位而完成超越防守的突破技术。其特点是合理地利用了规则允许的节拍步数，协调了身体重心与脚步支撑点的关系，保持了较好的起动基本姿势，具有起动快、衔接紧的优点，在外围小角度皆可采用。

突破时在双脚平行跳动后，第二和第三步要快速积极地蹬地跟上起跳并伴随转体探肩的协调动作。

PART 8　裁判标准

棒球裁判标准

裁判员的资格与权限

比赛所需裁判员应由棒球协会主席（联盟主席）或主办单位指派若干名进行执法。裁判员的职责在于使比赛按照竞赛规则进行，并负有维护比赛场上的纪律和秩序的责任。

每一位裁判员均代表主办单位，并有严格执行本规则的权限与责任。每一位裁判员为执行本规则有权命令比赛队员、教练员、主教练员、工作人员行使特定任务或约束其行动，如有违反者依法处置。

每一位裁判员对本规则没有明确规定的事项有权根据自己的判断作出最后的裁定。

另外，裁判员在赛前可根据本规则制订一些必要的临场规则并加以执行。

裁判员对于拒绝执行裁判员的判定、使用违背体育道德的行为或语言的任一队员、教练员、主教练员或替补队员有权取消其比赛资格并令其退出比赛。如果裁判员命令退出比赛的队员正在进行攻守活动，则待攻守活动结束后立即令其退出比赛。

裁判员有权命令场上的工作人员、场地工人、摄影记者、新闻记者、广播人员等退出比赛场地，也有权命令进入场地的观众或其他人员退出比赛场地。

裁判员的判定

裁判员根据判断所作出的任何判定，例如击出的球是界内球还是界外球，投球是好球还是坏球，跑垒员是安全还是出局等等都是最后的判定。任何比赛队员、教练员、主教练员及其替补队员均不得对上述判定提出异议。

绝不允许队员离开他们的防守位置或所在垒位，也不允许教练员或主教练员离开他们的队员席或跑垒指导区去跟裁判员争辩投球是好球还是坏球之类纯属裁判员的判断。任何反对裁判员判定的人都要受到警告，如继续争辩而靠近本垒时，应立即驱逐出场。

教练员或主教练员如认为裁判员作出的判定与规则相抵触时，可向作出该判定的裁判员提出抗议，并可要求按规则更正其判定。

每局上半局或下半局结束时，应于投手或内场手离开界内地区以前提出更正的要求。应当注意的是，裁判员所作出的判定虽然违反了规则，如在规定的时间内未提请更正时，裁判员即使有所发觉，也不能更改原来的判定。

抗议一经提出，作出判定的裁判员在作最后判定前可征求场上其他裁判员的意见。任何裁判员如不是应其他裁判员的请求，不得对其他裁判员的判定提出批评或进行干予。

另外，除非裁判员突然受伤或生病，在比赛进行中不得调换裁判员。

一人或多人裁判

在比赛中，如果由一人担任裁判员，他有执行规则的全权。他可以站在他认为合适的地方执行裁判任务。他可以站在接手后面，垒上有跑垒员时也可站在投手后面。

如果有两人或两以上担任裁判员，应指定其中一人担任司球裁判员工作，其他则担任司垒裁判员。

裁判员的任务

司球裁判员通常站在接手后面进行执法工作，其职责如下：

（1）负责全场比赛，执行有关比赛进行的权限与义务。

（2）宣判投球是"好球"还是"坏球"以及"击"数和球数。

（3）宣判界内球或界外球，但应由司垒裁判员宣判者除外。

（4）对击球员作出判定。

（5）作出除规定由司垒裁判员判定以外的一切判定。

（6）裁定比赛是否弃权。

（7）比赛时间有限制，应在比赛开始前向比赛双方宣布。

（8）将正式的上场队员名单通知正式记录员，如击球次序或防守位置有变更时应通知正式记录员。

（9）宣布临场规则。

司垒裁判员在场上可选择任何他认为最适合于垒上活动作出迅速判定的位置执行裁判任务。其职责如下：

（1）对垒上发生的一切攻守活动作出判定，但特别规定由司球裁判员作出裁定者除外。

（2）对暂停、投手犯规、不合法投球或磨损、污损球面等等判定与司球裁判员有同等权力。

（3）尽一切努力协助司球裁判员贯彻执行规则。除不得宣布比赛弃权外，司垒裁判员在贯彻执行规则和维护比赛纪律方面拥有与司球裁判员同样的权力。

应当注意的是，如果同一攻守行为由两名以上的裁判员作出不同的判定时，司球裁判员应立即召集所有裁判员研究。这时，任何队员、教练员或主教练员均不得在场参与。

要就谁是最适于作出裁定的裁判员，哪个判定比较最接近于正确等进行研究。然后由司球裁判员作出最后判定并加以宣布。比赛就按此判定继续进行。

裁判员报告的义务

裁判员应于比赛结束后 12 小时内向赛区组织委员会报告有关违反规则和其他需要说明的事故，其中包括取消队员、教练员或主教练员的比赛资格等等，报告中要阐明理由。

任何队员、教练员或主教练员由于严重违反规则，例如用恶毒下流的语言谩骂或殴打裁判员或对方队员而被罚出场时，裁判员应在比赛结束后 4 小时内向赛区组织委员会提出详细报告。

主办单位或赛区组织委员会收到裁判员关于违反规则事故的报告后应进行研究。对违反规则的队员、教练员或主教练员可作出适当的处罚，并通知当事人及所属运动队的代表或主教练员。

裁判员注意事项

裁判员在场上执行裁判任务时不要跟队员交谈。要离开跑垒指导区，避免与正在指导跑垒任务的跑垒指导员交谈。

裁判员的衣着要保持清洁、整齐。在球场上要采取积极敏捷的行动。对各队的工作人员要有礼貌，但不要访问他们。不要对他们表现出特别亲热。裁判员一旦进入比赛场地后就是该比赛的负责人，应在比赛中严格执行规则。

在遇到可能导致抗议或不良事态的场合时，切不可回避，要及时研究处理。不要因为未及时处理而受到责难行为的发生。要随身携带规则。纠纷发生时为了求得完善的解决，宁可暂停十分钟查阅规则而不要因为错判而导致抗议和重新比赛。

要保持比赛的继续进行。一场比赛需要裁判员活泼、认真地执法而获得良好的效果。在球场上，裁判员是赛区主办单位的唯一代表。裁判员必须具备耐心和良好的判断力，才能担负起艰难的比赛任务，应付处理那些严重的事态，最重要的是能始终保持镇静和自我克制。

裁判员不可能没有误判，但误判后不可"补判"，这是错上加错。一切应根据所见事实来判定，切不可因主队或客队而有差别。

比赛时眼睛不离球。应注意观察跑垒员是否踏垒，注视击出高飞球的落地点，并注意传球的最后去向。判定动作力求准确，而不要草率。守场员在进行双杀传球时不要过早转身改变注意方向。宣判出局后还要注意球是否失落。

不要边跑边作"出局"或"安全"的手势，要等到攻守行为完成后再作出判罚手势。

各裁判组要准备一套简单明确的暗号和手势来加强裁判员之间的配合，使一时的误判能得到其他裁判员及时的指正。当然，如果你相信你的判定正确时，绝不要受队员或教练员提出异议的影响而轻易"征求其他裁判员的意见"。要有疑问才去找其他裁判员。裁判员要自信，要敢于作出自己的判断。要记住：对裁判员来说，第一个要求就是正确的判定。如果对判定有疑问，切不可犹豫而不去请求其他裁判员协助。保持裁判员的威严固然重要，但正确的判定更为重要。

执行裁判任务最重要的是：裁判员在场上随时随地都要取得最能观察攻守行为的位置，注视每个攻守活动以便进行准确的判定。如果你的站位不好，即使你的判定是百分之百正确，队员、教练员也会提出异议。

最后，裁判员应重视礼貌而且公正、严格地去执法，这样才能赢得人人的尊敬。

手球裁判标准

犯规与非体育道德行为

允许动作和不允许动作

在手球比赛过程中，允许队员用手臂和手去封或获得球；用张开的单手从任何方向去轻打对方的球；用躯干阻挡对方持球或不持球的队员；以弯曲的手臂从正面接触对方队员，以紧盯或跟随对方队员。

不允许队员抢夺或打击对方手中的球；用臂、手或腿去阻挡或挤对方；拉、抱、推、跑或跳起来撞对方；或以违反规则的方式去干扰、阻挡或危及对方持球或不持球的队员。

升级处罚

主要或专门针对对手而不是球的行为，将受到升级处罚。升级处罚系指：当出现程度超过通常在争夺球时经常发生的那种正常犯规的特殊犯规时，不应仅判罚任意球或七米球。

每一个符合升级处罚的犯规都应给予个人处罚，以警告开始，然后处罚逐渐加重。

在执行升级处罚时，因其他犯规违例而判的警告和罚出场两分钟也要考虑在内。

与良好的体育运动精神相悖的动作或语言均被视为非体育道德行为，这适用于场上场下的所有队员和官员。升级处罚也适用于出现非体育道德行为的情况。

攻击并危及对方身体健康的行为应判取消比赛资格。下列情况必须取消比赛资格：

（1）从侧面或后面击打或向后拉扯对方正在传球或射门的投掷臂；

（2）以任何方式击打对方的头部或颈部；

（3）蓄意用脚、膝部或其他方式打击对方的身体，包括绊倒对方；

（4）推正在跑动或跳起的对方队员，或以其他方式使对方失去身体平衡；

（5）掷任意球时直接射门，在防守队员没有移动的情况下，击中防守队员头部；或在掷七米球时，在守门员没有移动的情况下，击中守门员头部。

犯有严重非体育道德行为的场上或场下的队员或官员，也均应判取消比赛资格。再严重的，就要予以开除了。

处罚

警告

在比赛过程中，队员下列情况可以给予警告：

（1）不属于升级处罚，但侵犯了对方队员的犯规或类似违例行为；

（2）需要进行升级处罚的犯规；

（3）当对方正常掷球时违犯规则；

（4）队员或官员的非体育道德行为。

不过，裁判员在给予警告时应当注意，对一个队员警告不得超过一次，对一个队警告不得超过三次；对被判过罚出场两分钟的队员不再给予警告；对一个队全体随队官员的警告不得超过一次。

判罚警告时，裁判员应举起黄牌向受罚队员或官员、计时员/记录员示意。

罚出场两分钟

在比赛中，如果出现下列情况，应判罚出场两分钟：

1. 换人错误或非法进入场地；

2. 重复需要升级处罚的那种犯规；

3. 队员在场内或场外重复违犯非体育道德行为；

4. 在有一名官员已受警告的情况下，同队的官员再次出现非体育道德行为；

5. 判给对方掷球时控制球队员不立即放下球；

6. 在对方掷球时，再次违犯规则；

7. 在比赛时间内，取消队员或官员比赛资格伴随的罚出场；

8. 在一名队员被判罚出场两分钟后，比赛重新开始前，该队员再次出现非体育道德行为。

此外，需要注意的是，通常在重复犯规或非体育道德行为的情况下才判罚出场两分钟，但即使在队员未曾受过警告且本队受警告次数不足三次的情况下，裁判员仍有权在必要时直接判罚出场两分钟。同样地，即使在球队官员未曾受过警告的情况下，必要时也可直接判罚该队官员出场两分钟。

如果随队官员出场两分钟时，允许该受罚官员继续留在替补席履行他的职责，但该队场上要有一名队员替罚出场两分钟。

在鸣哨暂停后，裁判员应用规定手势，举起手臂伸出两指，清楚地指向受罚队员，并向计时员/记录员示意罚出场两分钟。罚出场时间都是两分钟比赛时间。如果同一队员被第三次罚出场则应被取消比赛资格。

罚出场期间，受罚队员不得上场比赛，该队场上减员。受罚时间从裁判员鸣哨重新开始比赛时算起。

如果上半时比赛结束时受罚时间仍不足两分钟，则应在下半时补足。此规定同样适用于正常比赛时间与决胜期和两个决胜期之间。

取消比赛资格

在比赛过程中，如果出现下列情况应判取消比赛资格：

（1）无参加比赛资格的队员进入场地；

（2）当一名随队官员被罚过出场两分钟后，同队的任一官员第三次（或紧接着）再犯有非体育道德行为时；

（3）危及对方队员身体健康的犯规；

（4）场内或场外的队员或官员严重违犯非体育道德行为；

（5）在比赛时间以外，即比赛开始前或在比赛中断时斗殴的队员；

（6）随队官员斗殴；

（7）同一队员第三次被罚出场；

（8）队员或随队官员在比赛中断时重复发生非体育道德的行为；

（9）在鸣哨暂停后，裁判员应举起红牌，清楚地向受罚队员或官员、计时员/记录员示意取消比赛资格。

被取消比赛资格的队员或官员不得再参加该场比赛，并须立即离开场地和替补区。离开替补席后，被取消比赛资格的队员或官员不得再以任何方式与本队联系。

场内或场外的队员或官员在比赛时间内被判取消比赛资格后，总是伴随该队一个罚出场两分钟。也就是说该队场上要减员 2 分钟。如果刚被取消资格的队员又出现了更为严重的犯规时，那么该队场上减员将为4 分钟。

取消比赛资格将减少该队可参加比赛的队员或官员的人数。但在两分钟受罚时间结束后，该队场上队员的人数可补足。

原则上，取消比赛资格只对该场比赛的剩余时间有效。取消比赛资格是裁判员依据自己所观察到的事实所作出的判罚，在比赛结束后不应再有进一步的效应。除非发生由于斗殴或队员或官员犯有严重非体育道德行为而判罚的取消比赛资格。此类取消比赛资格应在比赛报告中给予说明。

开除

如果出现下列情况应判开除：比赛时间内，队员在场内或场外发生斗殴。在鸣哨暂停后，裁判员应使用规定手势，即在头上交叉双臂，清楚地向受罚队员、计时员/记录员示意开除。

被开除的队员不得再参加该场剩余的比赛，受罚队场上减员直至比赛结束。被开除队员不得被替换，并应立即离开比赛场地和替补区。在离开后，不允许该队员再以任何方式与球队联系。裁判员必须在比赛报告中向有关部门说明判罚开除的原因。

在重新开始比赛以前，如果队员或随队官员同时或连续多次犯规，且这些犯规导致多种判罚，那么原则上只给予最重的一个判罚。当犯规中有斗殴行为时，尤为如此。

但在下列特定情况下，犯规队场上必须减员4分钟：

（1）如果队员刚刚被判罚出场两分钟，在比赛重新开始之前又犯有非体育道德行为，该队员将被加判一个额外的罚出场两分钟。如果这个追加的是该队员第三次罚出场两分钟，该队员将被取消比赛资格；

（2）如果队员刚刚被取消比赛资格（直接或第三次罚出场两分钟），在比赛重新开始前又犯有非体育道德行为，该队将被进一步处罚，场上减员为 4 分钟。

（3）如果队员刚刚被判罚出场两分钟，在比赛重新开始之前又犯有严重非体育道德行为，该队员将被加判取消比赛资格，这使该队场上减员累计为 4 分钟。

（4）如果队员刚刚被取消比赛资格（直接或第三次罚出场两分钟），在比赛重新开始前又犯有严重非体育道德行为，那么该队将被进一步处罚，这使该队场上减员为 4 分钟。

如果在比赛时间外违犯规则，则要根据另外的裁判标准予以处罚。这些规则中"比赛时间"含决胜期和暂停时间，但不包括中场休息时间。

在举行比赛的场所但比赛时间以外，队员或官员发生的非体育道德行为、严重非体育道德行为或斗殴行为应判罚如下：

在比赛前：犯有非体育道德行为应给予警告；犯有严重非体育道德行为或斗殴应判取消比赛资格，但允许该队使用 12 名队员和 4 名官员参加比赛。

中场休息期间：犯有非体育道德行为应给予警告；重犯或严重的非体育道德行为或斗殴行为应判取消比赛资格；这里对重复非体育道德行为的判罚不同于在比赛时间内的判罚。

在中场休息期间判罚取消比赛资格后，比赛重新开始时允许该队上场队员的人数同中场休息前一致。

PART 9 赛事组织

棒球组织

国际棒球联合会

国际棒球联合会（IBA），成立于 1938 年，总部设在瑞士洛桑。国际棒球联合会现有会员国 113 个。国际棒球联合会的宗旨是：推动、促进和发展全世界业余棒球运动；推动会员协会之间的紧密联系和诚挚友好的合作。

国际棒球联合会的最高权力机构是代表大会。代表大会至少每两年召开一次，在世界业余棒球锦标赛和洲际杯赛期间举行。根据国际棒球联合会执委会的决定或至少有 50% 的会员协会书面请求，可召开特别代表大会。每个会员协会可派 3 名代表参加，但只有一票表决权。国际棒球联合会的领导机构为执行委员会。

执委会由主席、3 名副主席、秘书长、司库、审计员和 5 名洲副主席（美洲、欧洲、亚洲、大洋洲、非洲）组成。主席、副主席、司库、秘书长任期为 4 年，可连选连任。执行委员会成员由代表大会选出，必须来自不同的国家。

国际棒球联合会下属机构有：规则委员会、技术委员会和资金委员会。国际棒球联合会管辖的比赛有：世界锦标赛（偶数年举行）、世界少年锦标赛（偶数年举行）、洲际杯赛（每年举行）。

亚洲棒球联合会

亚洲棒球联合会（BFA）于 1954 年 5 月 7 日成立，创始会员国为日本、韩国、中国及菲律宾等 4 国，目前已有 24 个会员国，其总部设在韩国首尔。

亚洲棒球联合会的宗旨是：推动、促进和发展亚洲棒球运动，同时推动亚洲棒球与世界的接轨；推动会员协会之间的紧密联系和诚挚友好的合作。亚洲棒球联合会的最高权力机构是代表大会。

联合会主办的比赛主要有亚洲棒球锦标赛、亚洲杯棒球赛、亚洲都市对抗赛、亚洲青棒锦标赛、亚洲青少棒锦标赛、亚洲少棒锦标赛等。

中国棒球协会

中国棒垒球协会是中国棒球、垒球运动的全国性群众体育组织，是中华全国体育总会领导下的单项运动协会之一，于 1979 年 3 月成立。

中国棒垒球协会广泛开展棒球、垒球运动，增强人民体质，提高技术水平，为促进世界棒垒球运动发展服务。

但是，随着体育事业的开拓和发展，我国棒球、垒球同国际、国内联系日渐增多，鉴于国际棒球、垒球协会均为两个单独的组织，我国原有的棒垒球协会已不能适应形势发展的需要，为了更好地发挥各单项协会的组织作用，1986 年，中华全国体育总会撤消原棒垒球协会，分别建立了中国棒球协会和中国垒球协会。

中国棒球协会的全国委员会下设教练、裁判、科研宣传、器材设备四个附属委员会；在十多个省市设有分会。

棒协的宗旨是：团结全国棒球运动工作者、运动员和爱好者，指导发展我国的棒球运动。促进全国棒球队伍的精神文明建设；推动棒球运动的普及和技术水平的提高；增进与各国各地区棒球协会和组织的交流和友谊；加强与国际棒球联合会和亚洲棒球联合会的联系与合作。

棒协的职责是：拟定有关棒球教练员、运动员管理制度，负责协调、组织棒球教练员、裁判员、运动员的培训工作。制定棒球运动员、教练员、裁判员技术等级制度、负责运动员的资格审查。

中国棒球协会的工作目标是根据国家的体育方针政策和有关法规以及国际棒联的有关规定，统一组织、协调全国棒球运动的发展，推动群众性普及活动和提高运动技术水平，促进亚洲和世界棒球运动的发展。

经典赛事

奥运会棒球赛

棒球参与奥运的时间很短暂，1992 年在西班牙巴塞罗那举行的第二十五届奥运会时，该项目才被列为奥运会正式比赛项目。按照规定，进入奥运会决赛的队伍为 8 支。首先在各大洲进行预选赛，每个洲分配不同的名额，决出参加奥运会决赛的队伍。

奥运会棒球比赛采用分组循环加佩奇制。遗憾的是，棒球项目仅仅在奥运大家庭中待了 5 届，就被踢出局了。

世界棒球锦标赛

1938 年，首次在英国举行世界棒球比赛时，称为"世界杯棒球赛"。到 1974 年第二十三届时，更名为"世界棒球锦标赛"，并决定为每两年举办一次。到 1990 年第三十一届以后，又改为四年举办一次。

1999 年，国际棒球联合会决定 2001 年于台湾举行的第三十四届世界棒球锦标赛改称为世界杯棒球赛，届数维持不变，并首度开放职业选手参赛。

不过由于棒球目前暂时为非奥运项目（2012年、2016年），为了重返2020年奥运，棒球联合会和美国职业棒球大联盟合作更新国际赛赛制并推展全球棒运发展，棒球联合会除拟仿足球和篮球举办分龄赛外，并于2011年决定停办世界杯，独尊世界棒球经典赛为真正的世界级比赛。巴拿马2011年世界杯成为了末届世界杯。

世界棒球经典赛

世界棒球经典赛是由美国职业棒球大联盟与国际棒球两个会共同策划的国际棒球大赛，首届比赛于2006年3月3日在日本进行第一场比赛，由16个受邀国家的代表队分4地进行总共39场的赛事，为国际棒坛史上最大的棒球盛事。

由于近年来，国际奥林匹克委员会对于日渐增多的夏季奥运会比赛项目，产生"奥运瘦身"的提议，于是出现了削减某些运动项目的构想。因此，2012年在伦敦举行的第三十届奥运会，棒球和垒球成为了被削减的对象。

棒球运动为什么会被踢出奥运会呢？虽然表面上的理由是"真正发展棒球运动的国家太少"，但实际上，是因为日益商业化的奥运会，对奥运棒球赛的收视率不够满意，影响广告主对于奥运会提供商业赞助的意愿；再加上执世界棒坛牛耳的美国，对于奥运棒球赛漠不关心，不愿正式开放现役大联盟球员参加奥运会，无法让奥运棒球赛成为世界上水准最高的棒球赛；而且，棒球比赛所使用的场地建造成本也不低，往往奥运主办国必须兴建新的棒球场，提供奥运棒球比赛使用，奥运结束之后又常常弃置不用，造成奥运主办国的困扰与财政负担。如此一来，将棒球和垒球驱逐出奥运会似乎便成了顺理成章的事情。

2005 年 7 月 8 日，棒球被国际奥会正式排除在奥运比赛之外。此后，各国对于棒球日后在国际间的发展颇感忧心。但由于近年来，进军大联盟的外国籍选手逐年增多，为了让棒球的发展更加国际化，于是美国职棒大联盟在 2005 年 7 月 11 日，邀请各国棒球界代表齐集美国底特律，与国际棒球总会共同策划新的国际棒球大赛。

参与会议的各方代表，除了中国台湾方面由中华职业棒球大联盟的代理会长洪瑞河代表与会之外，还有来自澳大利亚、加拿大、中国、多米尼加、意大利、韩国、墨西哥、荷兰、巴拿马、委内瑞拉、波多黎各、南非等各国代表，共同参与本次会议；日本方面由于当时尚未与球员工会完成协商，因此没有派代表出席；而古巴方面的代表，也因故未出席本次会议。

经过各国广泛讨论之后，大会确定举办国际化的赛事，并决定将在 2006 年 3 月间举办，而这项国际赛事的名称，就定名为"世界棒球经典赛"。

为什么用这个名字呢？主要是为了与两年举行一届的世界杯棒球锦标赛有所区隔，避免造成混淆。于是大联盟参酌明星赛又被称为"仲夏经典"（Mid Summer Classic），世界大赛又被称为"秋季经典"（Fall Classic），而将这项国际赛事的名称定名为"世界棒球经典赛"（World Baseball Classic）。

原先曾经有人提议使用"超级世界杯"（Super World Cup）的名称，但由于名称与世界杯棒球锦标赛接近，而且语意中似乎带有贬抑世界杯棒球锦标赛的味道，所以并未获得采行。

亚运会棒球赛

1990 年亚运会，棒球作为表演赛项目随着 1992 年棒球项目进入奥运会大家庭，1994 年广岛亚运会也将棒球列为正式比赛项目，至今已经举行了 5 届。

让中国棒球感到尴尬的是，不论是作为表演项目，还是正式比赛项目，中国队 6 次亮相亚运会均得第 4 名，而韩国队、中华台北队和日本队包揽了历届亚运会的前 3 名。

中国队在每届亚运会的目标战绩均为创造历史最好成绩、跻身三甲行列，但这并非一件容易的事情，毕竟韩国队、日本队和中华台北队的实力近年来有增无减，而中国队虽然有了长足的进步，但与世界一流水平尚有距离。

全国运动会棒球赛

1959 年第一届全运会就把棒球列为正式比赛项目，除第三和第五届全运会没有设棒球项目外，其余都有棒球比赛。全运会棒球比赛至今已经举行了 9 届（第 3 届和第 5 届除外）。

手球组织

随着手球的发展，世界各地手球运动的兴起，国际手联成立。亚洲手联的成立更是促进了中国手球的发展。中国手球协会成立，并相继加入亚洲手球联合会、国际手联，使得中国手球的发展进入新的阶段，组织了许多大赛，促进了手球技术的提高。

国际手球联合会

国际手球联合会简称国际手联，是手球运动的最高组织。1928 年，11 个国家的手球协会在奥运会期间聚会，成立了国际业余手球联合会，并首次印发了该项目正式的国际规则。

第二次世界大战结束后，国际业余手球联合会于 1946 年在丹麦首都哥本哈根重新组建国际手球联合会，创办国有丹麦、荷兰、挪威、波兰、芬兰、法国、瑞士和瑞典，总部设在瑞士。

目前，国际手球联合会已有 147 个协会会员，分属国际手联承认的亚洲、非洲、欧洲、大洋洲和泛美地区共 5 个地区手球联合会。中国手球协会于 1979 年加入国际手联。

国际手联的主要任务是促进业余手球运动的发展，鼓励协会会员开展该国的手球运动。国际手联禁止政治、种族和宗教歧视。

国际手联的最高权力机构是代表大会，每两年召开一次。内容通常包括：听取主席和司库的报告；讨论各国手协和国际手联提出的建议；确定国际手联的活动计划；选举领导机构和专门委员会成员；吸收新会员；确定会费额和预算；决定下届代表大会召开的时间和地点。一个协会会员可派 3 人与会，但只有 1 票表决权。

国际手联的执行机构有理事会、执委会和专门委员会。理事会由国际手联主席、第一副主席、秘书长、司库、各洲理事会副主席和成员各 5 人、专门委员会主席 5 人，共 19 人组成。执委会是理事会的工作机构，由国际手联主席、第一副主席、秘书长、司库和 1 名理事会成员组成。

国际手联设有组织竞赛委员会、裁判和规则委员会、教练与方法委员会、医务委员会、促进与公关委员会共 5 个专门委员会。国际手联的出版物有《国际手联章程》、《世界锦标赛和欧洲各种杯赛的规程》、《国际手联公报》等。举办的主要比赛有世界锦标赛（男、女）和世界青年锦标赛、欧洲俱乐部冠军杯赛及各种地区性和传统性的国际比赛。

亚洲手球联合会

亚洲手球联合会，1976 年 1 月 12 日于科威特成立，总部设在科威特，现有会员协会约 20 个。亚洲手联的宗旨是：促进亚洲的手球运动，保护亚洲手球运动的业余性。

亚洲手联的最高权力机构是代表大会，每两年举行 1 次。代表大会闭会期间，亚洲手联的领导机构是理事会。理事会由主席、副主席、秘书长等 11 人组成，由代表大会选举产生。

亚洲手联的日常工作由执委会负责。执委会由主席、第一副主席、秘书长和司库组成，由代表大会选出，每半年召开 1 次会议。

中国手球协会

1979 年 9 月，中国手球协会成立于河北省保定市，总部设于北京市。该会是中华全国体育总会下辖的单项运动协会之一，是中国手球运动的全国性群众组织。

1980 年 8 月国际手球联合会代表大会接纳中国手协为正式会员。中国手协的主要任务是：协助指导发展全国手球训练网，积极扶持中、小学开展手球运动；承办国际和国内的手球竞赛；选拔国家队教练员、运动员，组织国家队集训；提出对运动员资格、等级运动员、等级教练员、等级裁判员的审查和处理意见；研究探讨竞赛规则、规程、裁判法，提出修改意见；承担全国教练员、裁判员、科研人员的培训工作；研究、审查和提出手球场地、器材、服装改革意见。

中国手球协会设有全国委员会、秘书处、组织委员会、竞赛委员会、教练委员会、方法委员会、裁判委员会、规则委员会、宣传委员会、发展委员会、科研委员会、医学委员会等机构。

手球协会经常举办全国青年手球锦标赛、全国女子手球锦标赛、全国男子手球锦标赛、全国高校手球锦标赛、全国中学生手球联赛和全国业余体校手球联赛等赛事。

手球赛事

运动竞技的最高目标便是能够夺得世界冠军。作为团体项目的冠军，其含金量更是不言而喻。在奥运会和世界手球锦标赛上，世界各国手球团队更是相互较量，为夺得世界冠军而努力拼搏。自强不息、努力拼搏，这就是手球运动的精髓。

奥运会手球比赛

手球比赛很早就成为奥运会比赛项目之一，由国际奥林匹克委员会领导，国际手球联合会筹备、组织。奥运会手球比赛，每四年举行一届，包括男子手球比赛和女子手球比赛，分别有 12 支球队参加。

12 支球队包括上届世界手球锦标赛冠军队一支，奥运会主办国球队一支，亚洲、欧洲、美洲、非洲球队各一支，以及获得国际手联资格赛的 6 支球队。

世界手球锦标赛

世界手球锦标赛是国际手球联合会主办的规模最大、水平最高的世界性手球比赛之一，每两年举行一届。比赛分为男子手球锦标赛和女子手球锦标赛，各有 24 支球队参加，包括主办国球队一支，上届世界赛排名前十的球队，亚洲、欧洲、美洲、非洲球队各三支，大洋洲球队一支。

亚运会手球比赛

亚运会是亚洲运动联合会主办的综合性运动会，1982 年男子手球成为亚运会正式比赛项目，1990 年女子手球成为正式比赛项目。

亚洲手球锦标赛

亚洲手球锦标赛是亚洲手球联合会主办的亚洲最高水平的手球比赛，每两年举办一次。本赛通常是世界手球锦标赛和奥运会手球比赛的资格赛。

全国运动会手球比赛

中国全国运动会每四年举办一届，是中国最高水平的综合性体育赛事。手球比赛是全运会正式比赛项目，参赛球队主要是全国各省市区的代表队，以及解放军的代表队。

全国手球冠军杯赛

全国男子手球冠军杯赛由体育总局手曲棒垒球运动管理中心主办，是手球项目全国范围内最高水平运动员参加的主要赛事之一，分为全国男子手球冠军杯赛和全国女子手球冠军杯赛。

棒球比赛组织编排

比赛编排

在棒球比赛竞赛规程中，经常有"竞赛编排时，如遇奇数队时采用"1"不动补"0"的办法，按逆时针旋转的原则编排；如遇偶数队时采用"1"不动逆时针旋转的原则编排。这种规程的编排前提是进行"单循环赛"，其编排方法叫做"轮转法"，所以就有逆时针的说法了。"单循环赛"的特点是每支球队都会相遇一次而在"轮转法"中，不论参加队伍的数目是偶数还是奇数，都要按偶数编排所以如果是奇数只队伍，就应该补一个"0号队"：比如7支队伍分别是1、2、3……7，那么就要增加一只"不存在的0号队"，当其他队伍与0号队相遇就轮空一次而如果是偶数只队伍就不用补"0号队"。这样的编排方法更容易计算比赛轮次与场次，比如奇数只球队的比赛轮次必定等于比它多一只球队的偶数只球队的比赛轮次等于该奇数只球队的数目比如如果过一个单循环赛有 7 只球队，那么必定会进行 7 轮比赛，每轮会有一支球队轮空；若有 8 支球队也必定会进行 7 轮比赛，但没有轮空球队。

排定名次

在循环赛中球队的名次按球队在同一循环比赛中的积分多少排定。棒球比赛胜一场得 2 分，负一场得 0 分，积分多者名次列前。若遇两队或两个以上队积分相同，则依照以下顺序排列名次：

1. 两队积分相同，胜者名次列前。

2. 两队以上积分相同，则按下列顺序的规定决定名次。

（1）相互间比赛的失分少者名列前。

（2）全部循环比赛的失分少者名次列前。

（3）相互间比赛的得分多者名次列前。

（4）全部循环比赛的得分多者次列前。

（5）全部循环比赛的净胜球多者名次列前。

（6）相互间比赛的残垒数多者名次列前（按三垒、二垒、一垒顺序计算）。

手球比赛组织编排

手球比赛通常采用的竞赛方法是循环赛制和混合赛制。举办单位可以根据比赛任务、参赛队数、比赛时间及场地等情况，选择合适的竞赛方法。

世界手球锦标赛编排方法

世界手球锦标赛每两年举行一次，有 24 支队进入决赛，比赛分两个阶段进行。

第一阶段：24 支队分成 A、B、C、D 4 组，每组 6 支队进行单循环赛，决出各组的 1~6 名。

第二阶段：每组前 4 名，共 16 支队分别排入指定的位置进行单淘汰赛加附加赛，决出全部比赛的 1~8 名。每组后 2 名不再进行比赛。

全国运动会手球赛编排

以第九届全国运动会手球赛为例，有 8 支队进入决赛，比赛分两个阶段进行。

在苏州举行的第十九届世界女子
手球锦标赛赛况

第一阶段：8 支队分成 A、B 两组，每组 4 支队进行单循环赛，决出各组的 1~4 名。分组原则以预赛名次为序号，按顺序抽签进行分组。

第二阶段：采用交叉赛制和佩奇赛制。A、B 两组的一、二名和三、四名分别组成 2 组。每组 4 支队进行交叉赛。每组交叉赛的胜者对胜者，负者对负者进行佩奇制比赛，决出全部比赛的 1~8 名

全国手球锦标赛

以 2004 年全国手球锦标赛为例，比赛共分两个阶段。第一阶段：男 10 支队、女 13 支队，各分 A、B 两组进行单循环赛，决出各组名次。

分组原则以 2003 年全国锦标赛成绩为序号，按顺序蛇形排列分组。

第二阶段：A、B 两组的第一、二名组成 C 组，第三、四名组成 D 组，第五、六名组成 E 组，进行交叉比赛，决出全部比赛的所有名次。

若最后一组不足 4 支队则采用下列办法：如有 3 支队，采用单循环赛决出名次；如 1～2 支队，则与前一组合并成为一个大组，采用单循环赛决出名次，第一阶段相遇的队的比赛成绩有效，不再重复比赛。

第二阶段每场比赛为平局时，进行决胜期比赛，若第二个决胜期后仍为平局，则按规定进行七米球决胜负。

排定名次的方法

在循环赛中球队的名次按球队在同一循环比赛中的积分多少排定。手球比赛胜一场得 2 分，平一场得 1 分，负一场得 0 分，积分多者名次列前。弃权者取消其全部比赛成绩。若两队或两个以上队积分相同，则依照以下顺序排列名次：

1. 相互间比赛的积分多者名次列前。

全国女子手球锦标赛赛况

2. 相互间比赛的净胜球多者名次列前。

3. 相互比赛的总进球多者名次列前。

4. 全部比赛的净胜球多者名次列前。

5. 全部比赛的总进球多者名次列前。

6. 如仍相同，则抽签决定名次。

PART 10 礼仪规范

运动员参赛礼仪

运动员精神是运动场上最重要的概念，无论胜利还是失败，都要保持良好的风度，不要抱怨自己或者别人的表现，尤其是搭档，切记"友谊第一，比赛第二"。要遵守各项比赛的规则以及比赛礼仪并且热情地与同场竞技的其他人打招呼。

比赛结束以后要恭贺对方的优异表现，也要尊重别人的权益。

保持良好心态

比赛会分出胜负，但是不要把对手当作敌人。对方胜利，要真心道贺。己方胜利，对手道贺时应该答谢。

赛前赛后务必要记得互相致礼，通常为握手礼。

遵守裁判规则

遵守裁判的执法，对裁判的异议提出合理的质疑，不得做无礼的表示。正式比赛的裁判均经过严格筛选，所有参赛者与观众均应尊重赛程与规则，不应在赛场内争执。比赛结束后主动与裁判握手表示感谢。

严守参赛规则

比赛时不得以小动作干扰对方，更不可以以陷害的方式暗算对方，更不得与人发生争吵甚至打架的行为。没有比赛的运动员不得进入比赛场地。

正确应对喝彩

比赛时如果观众喝倒彩，不宜有厌恶或不友善的表示，应该全心参赛。面对观众的支持应该表示感谢。运动员在比赛中应该保持冷静，不要受到外界因素的干扰。

队友相互支持

队友间应该相互支持，相互团结，切忌跋扈或者耍大牌。遇有争执切忌动粗互殴，应该礼让尊重有经验的长者。比赛的成功或失败都是集体的荣誉，团体的利益高于自己。

服从教练指挥

比赛时球员应服从教练的指导，资深的明星球员不可倚仗自己的能力而藐视教练。对于球场上的管理制度，所有球员都要以理性的态度与教练组沟通。对教练的质疑应通过正规渠道向上级反映。

队友们精诚合作，相互支持

绝对禁止事项

国际棒球联合会的比赛规程中有专门约束运动员行为的规定，其中绝对禁止事项如下：

1. 用语言、文字或其他方式煽动观众的行为。

2. 用恶言恶语攻击对方队员、裁判员或观众。

3. 在攻守活动正在进行时呼喊"暂停"或用其他语言或某些动作干扰投手，企图使投手犯规。

4. 用各种方式有意与裁判员接触（如触及裁判的身体，与裁判员交谈或显示亲近态度）。

棒球、手球运动的欣赏意义

随着社会的进步和新闻传播媒介的迅速发展，同亲身参与体育活动一样，一种被称之为信息消费型的体育——观赏体育，也日益成为人们生活中的重要组成部分。特别在职业体育发达的国家中，体育的观赏不但丰富了人们的生活，而且对体育的了解和爱好还成为一个人接受教育水平的标志，并为扩大交际甚至商业活动打开通道。

观赏体育可分为直接观赏和间接观赏。直接观赏指去体育场馆观看比赛，而间接观赏则指通过电视直播观看体育比赛。

至于人为什么要观赏体育，观赏体育和亲身的体育实践之间有何内在联系，这是体育学家、心理学家和社会学家们正在研究的问题。有人认为，观赏体育在于期望把个人的想象、道德观念通过体育具体化，或者说是以运动员为自己的代理人来满足自己精神上的某种欲求。

人们在观赏体育时的情绪有如下特点：第一，当对比赛结果有明显的倾向性和强烈的期待感时，观赏时情绪高涨。如中国女排在奥运会参与决赛就远比其他两个国家之间的比赛吸引人。

第二，当比赛结果有很强的不定性时就会情绪高涨。

第三，当观赏者对所观赏的项目有一定了解和爱好时，就会情绪高涨并能从中获得更大的启示。俗话说"内行看门道，外行看热闹"就是这个道理。

第四，比赛的场地、气氛、色彩、周围人的情绪，也会感染观赏者的情绪。观赏体育虽说是一种娱乐活动，但也需要观赏者有正确的态度、文明的举止和对体育的基本知识。如果一味地放纵自己的情绪，也会出现观赏体育中的糟粕，如歇斯底里、暴力和狭隘的民族主义或地区主义思潮等。

那么，欣赏棒球、手球运动，或者说欣赏一切体育运动项目到底有什么意义呢？

美化生活、陶冶情操

当代人把观赏运动竞赛作为社会文化生活中一个很重要的内容。运动竞赛的魅力已达到了迷人的程度，吸引着亿万人去关心它、观赏它。譬如在德国，教会的社会地位非同一般，可是，如今教会不得不向全国足联提出抗议，因为大批教民在节假日不去教堂顶礼膜拜，而是兴高采烈地涌向足球场去观赏足球比赛，干扰了教会的正常活动。

为什么会出现这种现象呢？因为在现实生活中，人们追求的是完美的、高节奏的生活，而运动竞赛，恰恰适应和迎合了现代人生活的要求和愿望。在运动竞赛中，可以呈现出完整的人体美和各种美的形式，以满足人们对美的追求；通过速度、力量和激烈的竞争，使现代人的心理得以宣泄。

通过运动竞赛，观众不仅可以观赏到运动员健康、强壮、匀称、优美的体魄，而且可以观赏到运动员所展现出来的动作造型是那样利落、新颖、洒脱，给人以愉悦的美的享受。特别是在紧张激烈的球类竞赛中，一些著名运动员所表现出的高超绝技，更使人心旷神怡。奇迹般的技术动作，会使观众惊奇万分，产生百看不厌的浓厚兴趣。

振奋民族精神

观赏运动竞赛，可以强化集体观念，激发爱国热情，振奋民族精神。任何一项运动竞赛都是通过个人或集体，发挥其体格、体能、智慧等方面的潜力而进行的角逐。各式各样的运动竞赛，其参赛者都具有一定的社会群体的代表性。

2004 年雅典奥运夺冠的丹麦女子
手球队员们兴高采烈

他们在赛场上，一要实现自我的价值，二要为所代表的群体争取荣誉。观赏者往往与运动员有着千丝万缕的社会关系，不是同一学校或单位，就是同一地区、民族或国家，因此，运动竞赛的成败、胜负荣辱都与观赏者有着息息相关的联系。

在一些重大的国际赛事上，我们常常看到，要是参赛队与本民族、本国的关系密切，其竞赛级别越高，场次越关键，观众的心理越受胜负的牵制，情感就越发激昂。特别是当本民族或本国运动员获胜，升国旗奏国歌时，观众会同运动员一样情不自禁地热泪盈眶，激动不已，把本国运动员的胜利视为是自己民族和国家的莫大荣耀，从而产生强烈的民族自豪感。

启迪和激励体育意识

体育意识是人们对于体育这一社会现象及其功能、作用的认识和反映。运动竞赛能启迪和激励人们获得健康、诚实、创新、拼搏、道德、法制和竞争等体育意识。

健康意识

举办运动竞赛的一个主要目的是提高大众对体育运动的认识，激励大众积极参加体育活动，以提高全民族的体质和身体健康水平。有相当一部分人过去并不注意锻炼身体，但通过观赏自己喜爱的运动项目的比赛或表演，从而产生对体育活动的兴趣，积极参加体育锻炼。

诚实意识

运动员要想在比赛中获胜，只有靠自身的高超技术、战术和良好的运动能力，有"货真价实"的真本领，来不得半点虚假，所以有"赛场上开不了后门"、"横杆面前人人平等"的说法。

当一个运动员通过刻苦训练获得了冠军时，人们就会承认他，绝不会因为人际关系而影响他的冠军地位。这种真实的体育意识，对于每个人的健康成长是很重要的，尤其是对学生来说，在攀登科学的道路上，更需要这种精神。

创新意识

一个运动员或者运动队要在赛场上战胜对手，除了要靠真正的硬功夫外，还要根据自身的特点，不断地改进和创造新技术、新战术。创新意识，可以促进一切事业不断向前发展。

拼搏意识

赛场上运动员表现出高超的技艺、灵活多变的战术和充沛的体力，都是运动员经受了巨大运动量训练，战胜了身体上和精神上的疲劳而努力拼搏的结果。

手球运动员在比赛中奋勇拼搏

道德意识

一般是指社会生活中处理人与人、个人与集体以及社会中各种关系的规范和准则。在赛场上，胜不骄，败不馁，互相尊重，团结协作，文明礼貌，守纪律，光明正大等良好的道德规范，将成为观众学习的榜样，从而影响整个社会的风气。

法制意识

任何运动项目的比赛都要求运动员严格遵守竞赛规程和比赛规则，服从裁判员的裁决，否则就要受到应有的惩罚。法制意识，有利于社会安定，是事业发展的有力保证。

竞争意识

运动竞赛具有强烈的竞争性。双方对垒，毫不含糊，胜负立见分晓。所以有人把运动竞赛看成是随"人类文化的进步而发展起来的一种特殊的、礼仪化的战争"。用"战争"来比喻运动竞赛虽然是不确切的，但它说明了赛场上角逐的特点。这种竞争意识对于当今社会中每一个人来说，都是一种必备的素质。

观众观赛礼仪

观看棒球比赛

诚如前文所述，观众在看比赛之前，最好先了解一下棒球比赛的基本规则，这样才能看出趣味和精彩之处。与其余激烈的球类比赛一样，看棒球比赛时观众可能相当狂热，但是一定要把自己的热情控制在理智的范畴之内。

观众可以组织拉拉队为自己喜爱的球队鼓劲加油，但是要控制好节奏感，最好不要一味狂呼乱喊。投球和击球的时刻最好不要发出声响，球击出之后，就可以尽情喝彩。观赛时禁止吸烟，手机要关机或设置在振动、静音状态。

在美国，观看棒球比赛的观众虽多，但秩序井然

观看手球比赛

在雅典奥运会上手球赛场热闹非凡。法国、匈牙利、乌克兰和丹麦等欧洲球队参加的手球比赛中，"啦啦队"你方唱罢我登场。而最热闹的是匈牙利和乌克兰两队对阵时，两国"啦啦队"同台欢呼。欧洲人

雅典奥运会上狂热的啦啦队

在手球球场上的优势和看台上的声浪遥相呼应。

体育竞赛专家张衡认为，由于手球运动对抗激烈，精彩纷呈，所以手球观众可以像看足球、篮球一样，毫无约束，尽情地加油欢呼。

那么，在观看手球比赛时应该注意些什么呢？或者说应该遵守哪些观赛礼仪呢？在观看比赛时，一般要提前入场并就座，这是对运动员、教练员、裁判员最起码的尊重；举止要文明，着装应得体；不要出现侮辱性的语言或向场内乱扔杂物的现象；饮料、食物最好是软包装的，垃圾要用方便袋或纸袋自行带出；要注意适当控制自己的情绪，不要失控。

手球比赛中，进攻队员之间的传接球花样繁多，多样、准确的射门动作更是令人赏心悦目。各种各样的鱼跃、倒地和滚翻射门技术，在手球比赛中屡见不鲜。防守队员的封挡球、堵截进攻，以及守门员神勇的扑球救险使得比赛精彩纷呈。

对手球运动了解不多的观众，可从这些方面欣赏，并对队员精彩的传球配合、成功的射门，以及出色的防守报以热烈的掌声。同时，还可以领略到双方运动员在赛场上的友好举止和文明礼仪。

对手球有一定了解和精通的观众，除欣赏运动员个人的攻防技术外，还可从全队整体战术运用的层面上观赏手球比赛。

在比赛场地内禁止吸烟，手机要关机或设置在振动、静音状态。在比赛进行中，观众应服从组织安排，尽量不要站起来或来回走动，也不要大声谈笑、嬉戏；要为运动员打出精彩的球而欢呼喝彩，但不要因运动员一时的失误而起哄发出嘘声，要能同时欣赏双方运动员的精彩表现。在运动员罚球时，观众最好保持安静，不要扰乱运动员的情绪，罚球后再喝彩鼓掌。

韩国球迷为运动员喝彩助威

比赛结束后，退场应有序，应礼让老弱妇幼先走，不要拥挤，始终做文明观众。

PART 11 明星花絮

梁扶初

梁扶初，原名梁澄树，著名的运动员和教练员。1891 年，梁扶初诞生于广东省香山县（今中山市），早年随父往东瀛谋生，侨居日本横滨市。20 世纪初，棒垒球运动在日本已非常流行。梁扶初幼时也深受影响，酷爱棒垒球运动，大凡棒垒球比赛，必往观看，但所见比赛，华侨球队多被外国队打得大败。这对他幼小的心灵震动极大。

少年时代的梁扶初立志改变我国棒垒球的落后面貌，幻想着将来能建立一支华侨球队，扬名海外。

1905 年，梁扶初年仅 14 岁，在横滨市串联了一批华侨子弟，组成了"中华少年棒球队"。他们确定：以一支凶猛的"醒狮"为该队的队徽，象征看中华民族已觉醒。从此开始了他长达半个世纪的棒垒球生涯。

1906 年，美国夏威夷全星棒球队首次远征日本，鏖战多场。梁扶初每场必往观战。事有凑巧：该队有两位著名球星，名叫罗安和冯恩瑞，均是华人选手。梁扶初得悉后立即登门拜访罗安先生，倾吐自己的志趣，并拜罗安为师，恳请他留日任教。

经过一年多的联系和艰苦努力，这位美国棒坛的沙场老将罗安先生，终于为梁扶初这批有志少年所感动，遂放弃在美的优厚待遇，跨海来到日本横滨，担任华侨学校英文教员兼"中华少年棒球队"的教练。

在罗安老师的严格训练下，这支少年华侨球队技术日臻完善，并逐渐成为东瀛列岛的一支劲旅。早期的中华队，参加比赛胜少负多，曾屡遭东洋人歧视。但他们败而不馁，以百倍的努力，顽强刻苦地坚持训练下去。

1918 年，梁氏已满 27 岁，中华队方显露头角，跻身于"横滨市棒球公开联赛"之列。1921 年，中华队开始倔起。同年参加全市棒球联赛，在对商友队夺冠战中，先以 2：0 领先，终因经验不足，反以 2：3 饮恨。赛后梁扶初痛心地对队友说："中华队若不能夺取桂冠，扬名东瀛，实无面目对我华侨父老，也愧对国家民族。"

次年五月，横滨市棒球联赛再次揭开战幕。经过 4 个月的艰苦奋战，中华队于 11 月 20 日在横滨公园以 4：2 击败蚕丝队。一支华侨队伍，终于在日本棒球史上，首次荣获联赛冠军。

1923 年 9 月 1 日，日本发生历史上最为悲惨的关东大地震。梁扶初的三个弟弟兼队友梁澄根、梁澄椿、梁澄林不幸遇难。当时日本华报纸以"中华五虎梁氏三杰惨遭不幸"为题纪念这三位棒垒球宿将。当 1930 年中华棒球队在梁扶初先生的指导下，几经艰难重夺回日本横滨棒球联赛冠军时，报纸评论他们为"悲壮的冠军"。

由于日本帝国主义加速侵略中国，梁扶初先生出于爱国热忱，于 1932 年在横滨夺冠之后，41 岁时毅然回到祖国上海任职。之后曾分别率队参加 1933 年和 1935 年旧中国的全运会。1937 年，"八·一三"上海战事爆发，梁先生由沪回到广东。

1939 年广东失守，梁扶初避乱转到香港。1940 年，梁扶初先生在香港时，华人棒球队伍中有点名气的要数中华棒球团和中华体育会棒球队了。两队慕名均聘梁扶初担任教练。同年，在热心体育事业的中华棒球会会长钟灿森先生的赞助下，捐款千余元，遂由梁扶初发起组织中华青年棒球团，并亲任总教练。

当时报名学习棒垒球的青少年甚众，计有 168 名之多。梁扶初用节假日和寒暑假不辞辛劳地轮训这批新秀，使香港华人棒垒球水平大为提高。次年，梁氏集中全港精锐组成中华棒球队，参加 1941 年香港国际棒球锦标赛，战胜众多洋人名队。

最后与来自"棒球王国"的美国海军舰艇代表队——岷甸奴队争夺桂冠，以 11∶3 大获全胜，首次为香港华人夺得该赛冠军，从而为中华民族赢得了声誉。当时，海内外媒体尊称他为"中华棒垒球之祖"、"神州棒球之父"！

不久，时局急转直下，太平洋战争爆发，日军攻占香港。梁氏困居香江，棒垒球运动也趋于停顿。

1945 年春，梁扶初先生从香港回到上海，受聘担任上海"熊猫"垒球队的教练。提起上海熊猫队的组建，还有一段十分有趣的故事。

那是 1939 年的事情：当时在上海谋生的广东人颇多，在烈日下的上海跑马厅（今沪人民公园）外，常有十几个广东少年观看美军主办的国际垒球大赛。当时参赛者均系洋人，华人绝无仅有。这些少年观赏之余，凭着好奇之心开始模仿垒球比赛。由于无球无棒无场地，所以只能用木棒打橡皮球，在弄里"大显身手"。

有一天，可巧一位先生路过此地，被孩子们飞来的"棒球"打在脸上。孩子们因闯祸顿时吓呆。此时，有一位胆大的孩子走上前去，很有礼貌地深鞠一躬，向这位先生赔礼道歉。没想到他不但不责怪孩子，反而为孩子们的诚挚精神所感动，答应捐助一笔经费，帮助这批广仔正式成立一支垒球队，并提议取名"熊猫队"。这位热心体育的事业家，就是当时上海著名律师鄂森博士。

熊猫队组成之后，由于当时梁扶初不在上海，又无固定场地和教练，技术进步缓慢，成绩平平，一直被贬为"弄堂"球队。与此同时，梁扶初的四个儿子梁友声、梁友德、梁友文和梁友义，正在好动时期。他们在大哥友声的带动下，同一帮日本归侨孩子，发起组成上海少年"双翼队"，常同熊猫队角逐，双方互有胜负。

当时梁扶初先生在港尚未回沪，得悉"熊猫"和"双翼"队活动情况之后，信告长子梁友声："应以国家民族利益为重，与熊猫队通力合作，努力提高技术水平，为我中华争光。"

1942年，"双翼"与"熊猫"队约赛于上海圣约翰大学球场。由于两队球员大都是广东人，言语相通，情投意合，遂决定两队合并组成"熊猫"青年队和"熊猫"少年队，由老大友声领导大家正规训练。1943年，由老四友文和老五友义所在的"熊猫"少年队，首次夺得由郭宝树先生主办的上海"同兴怀"垒球联赛冠军。

两年后，梁扶初先生由港回沪，加强了对熊猫队的严格训练，同时梁家四杰升入青年队并肩效力，熊猫队实力大增。同年参加由俄国体育会主办的"全上海软式棒球联赛"，先后挫败日侨、菲侨、西青会、葡商会以及驻沪美海、陆、空军队等劲旅，而一举荣获冠军，后又获上海体育会垒球联赛和淘汰赛两项冠军。

1947年至1948年间，是熊猫队的全盛时期。当时横扫中外名队，彻底改变了历来由洋人球队垄断上海棒垒球坛的局面，从而称霸京沪一带，熊猫队1947年捧走美海军联赛"美国杯"，又执上海"迷你世界杯"牛耳；1948年登上美海军联赛"国家杯"、"美国杯"和"迷你世界杯"三项冠军宝座。梁家老四梁友文被裁判委员会授予德技兼优的"最佳球员"奖怀一个。中国熊猫队异军突起，名扬海内外。

新中国成立后，梁扶初一直活跃在棒垒球界，为中国棒垒球运动的发展作出重大贡献。1956～1957年，梁扶初带领的上海棒球队，连续获得两届全国棒球比赛冠军。他曾著写了我国第一部棒垒球专著《棒、垒球指南》。他不但自筹资金出版，并免费赠书给各大、中学校。

1961年，梁扶初老先生退休。1968年，这位为棒垒球事业奋斗了40余载的著名运动员和教练带着对中国棒垒球无限的期望，离开了人世。

王贞治

王贞治是日本棒球届的传奇人物，有"世界棒球之王"之誉，与拳王"阿里"、球王"贝利"并誉为世界三大体育明星。在他的职业生涯中，共获本垒打王15次，得分王13次，首位击球手5次。

更难得的是美国运动员汉克·阿伦创造的755次本垒打是在第12364次击球时完成的，而王贞治破纪录时的击球数只有8000次。他保持最高的全垒打纪录是868次，直到目前仍无人能破。

王贞治，祖籍浙江，虽然出生在日本，长在日本，但一直以中国人自居。王贞治自幼喜爱棒球运动。1959年，王贞治加入巨人棒球队，开始了辉煌的棒球职业生涯。

1965年12月10日，他在台中棒球场两万多名球迷面前表演全垒打功夫，首先是指导了本土球员如何跑垒、偷垒及打击等技巧和观念，然后才在由中华台北中华棒球队著名投手组成的阵容中进行打击，先是用金鸡独立的姿势挥出了 6 支全垒打，让球迷们首次领略到他的球技。

1967 年，王贞治在后乐园球场对产经队比赛，击出了两支全垒打，使自己的全垒打总数达到 300 支，也是当年的第 40 支全垒打，创下连续 5 年都达到 40 支的纪录。

1977 年 9 月 3 日，王贞治在后乐园球场对养乐多队比赛中，全垒打数

著名棒球运动员王贞治

达到 756 支，打破了美国人汉克·阿伦保持的全垒打世界纪录，日本首相福田特地颁发了国民勋章给他，但是此时王贞治还不是一名日本人，只是一名职业球员，他依然是一名中国人。王贞治成为日本历史上第一位没有日本国籍却获得国民荣誉勋章的人，可见王贞治对日本职业棒球所作的贡献之大。

1980 年 10 月 12 日，王贞治击出了当年的第 30 支全垒打之后，总共达到 868 支全垒打，这一年也是他创下连续 19 年全垒打都达到 30 支的日本职业棒球新纪录。但王贞治并没有离开棒球，他应邀在世界少年棒球推进组织中担任专任理事工作，继续为推动世界棒球的发展而努力工作。

1994 年，王贞治接任大荣鹰队（2005 年经营权易手，改名为今福冈软件银行鹰队）邀请，为大荣鹰队争获冠军而战，经过 5 年的艰苦训练，他终于带着以年轻球员为主的大荣鹰队打败了由铃木一郎领军的西武队，首次登上太平洋联盟的宝座，且在日本总冠军战中，一举击败实

力最被看好的中央联盟冠军中日队，赢得了总冠军。

次年王贞治再度率领鹰队打进日本大赛，对手是由长岛茂雄担任监督的巨人队，实力非常强劲。这场比赛也因此被媒体称为"监督对决"。面对强大的巨人队，王贞治没有害怕，他指挥球队奋勇"作战"，毫不退缩。最后，巨人队虽然以4胜2败成绩击败了鹰队，夺下优胜，但王贞治和他的鹰队也成了球场上真正的英雄。

2004年6月7日，鹰队在与北海道日本火腿斗士队的比赛中获得胜利，王贞治监督生涯的第1000胜也随之诞生（日本职棒史上第11人）。

2006年3月，王贞治担任日本棒球代表队的监督带领由铃木一郎、松坂大辅、城岛建司、福留孝介等名将组成的日本棒球队参加第一届世界棒球经典大赛，并且获得冠军。

2006年7月，王贞治召开记者会宣布：由于发现胃肿瘤，因此暂时辞去监督一职，准备住院并开刀治疗。7月17日，王贞治接受东京庆应义塾大学腹腔镜"胃全切"手术，过程十分顺利，并无大碍，后来出院休养，但因饮食不习惯再度入院，直到9月才出院，并于9月29日重返球场。

2007年2月1日，鹰队春训期间，王贞治宣布回到球场，并重新担任鹰队监督。2008年9月23日因健康问题、球队战绩不佳，宣布于球季结束后卸下监督一职。10月7日，率队和东北乐天金鹰队比赛，结果以0：1输球，正式卸下监督一职，也结束长达四五十年的职业棒球生涯；而他的球衣背号89号，也变成永久欠番，成为日职首位在不同球队都有"永久欠番"的人。

杰基·罗宾逊

19 世纪晚期，美国社会生活中有许多种族隔离政策，棒球也不例外。因为黑人不可以参加白人的职业队伍，所以有专供黑人球员参加的职业队伍。在 19 世纪后期，职业的非洲裔球员只能在全为黑人的队伍内打球，如古巴巨人队。

但是某些大联盟队伍的棒球经理和拥有者，想要雇用非裔美国人。为了要规避规则，他们把一些黑人球员列为西班牙籍或美国原住民。

直到 20 世纪 40 年代，棒球仍为一种种族隔离运动。1945 年，一个天才型的年轻球员杰基·罗宾逊加入了美国黑人联盟的堪萨斯城市帝王队，成为了"棒球的最佳实验"。

1945 年，当布鲁克林道奇队的总经理瑞奇与杰基·罗宾逊签署契约并将其带入大联盟后，黑白球员分隔的棒球政策将永远改写。将此举动称为棒球的最佳实验的瑞奇知道，选择跨越肤色界线的球员，必须是一个经得起大众严密监视，及在遭遇污辱及敌意时，能避免冲突发生的坚强个体。

杰基·罗宾逊是一个极佳的运动员。在大学时，他曾参与棒球、足球、篮球和田径比赛。他也积极争取公民权利并曾在军中服役。1945 年 10 月 23 日，罗宾逊正式与道奇队签约。利用待在小联盟的一年，他努力加强其棒球技巧。1947 年 4 月时，他穿上了他的第一件道奇队制服（背号 42）。

球迷及球员对罗宾逊的反应呈现两极化，有人狂热、喜爱，也有人充满敌意，甚而以死亡相胁，然而，无人能否认他的棒球天份。在

杰基·罗宾逊

1947 年时，他赢得了敬意和第一个年度新人奖。1949 年时，他赢得了国家联盟最有价值球员奖，以平均打点 0.342 及 37 次的盗垒记录领先联盟中的其他球员。在棒球场外，他的生平被编写成歌及拍成电影。罗宾逊甚至在电影《杰基·罗宾逊的故事》中饰演他本人。电影在 1950 年上映，这也是第一部描写黑人为美国英雄的电影。

罗宾逊参加完 1956 年的球季后，自棒球赛场上退休。在当时的年代，他是一个传奇人物。1962 年，他正式入选国家棒球名人堂。

瑞奇·亨德森

瑞奇·亨德森是美国最优秀的棒球运动员之一，也是世界上最伟大的击球员之一。瑞奇一生中共参加 24 年的职业棒球比赛，共效力了 8 支职业棒球队，其中 1979～1984 年在休斯敦宇宙队，1985～1989 年在纽约杨基队，1989～1993 年又转会到宇宙队，1993 年效力于多伦多蓝爵士队，1994～1995 年重新效力于休斯敦宇宙队，1996～1997 年效力于圣地亚哥教父队，1997 年效力阿纳海姆天使队，1998 年再次回到休斯敦宇宙队，1999～2000 年效力纽约气象队，2000 年效力于佛罗里达海军陆战队，2001 年效力于圣地亚哥教父队，2002 年效力于波士顿红袜队。

瑞奇在如此长的运动生涯中，始终坚持每隔一天跑 5 ~ 8 公里，他每天早起，加速血液的循环，使更多的氧气进人体内。一天做 200 次蹲起和 100 次卧推。上床前做一些拉伸练习，吃一些冰激凌。这些习惯一直保持到现在。

他一生中参加无数场比赛，令人最难忘的是 1989 年，世界系列赛休斯敦队与巨人队进行比赛，瑞奇在第四场比赛中 11 次上垒，3 次偷垒，巨人队捕手看到瑞奇在一垒，心中一犹豫，就让他偷垒成功。

瑞奇的得分为 2288，位居全联盟第 1 位，跑垒 2179 次，位居全联盟第 1 位，偷垒 1403 次，也位居全联盟第一，直接导致本垒得分 80 次也位于全联盟第一，上垒次数 5316 次位于全联盟第 3 位，参加比赛次数 3051 次，位居全联盟第 4 位。

厄普敦

厄普敦是美国职棒大联盟的选手，1984 年 8 月 21 日出生。现效力于亚特兰大勇士队。他的成名开始于 2002 年，那时他仅有 17 岁。

坦帕魔鬼队在 2002 年第二轮选秀中，选中了绿蔷薇教父学院的 17 岁小子厄普敦。2004 年，19 岁的他成为队里最年轻的队员。经过职业生涯的前 10 场比赛，厄普敦共有 351 次击球，2 次触杀，1 次 3 振出局，6 次跑垒得分，厄普敦在专业技能方面表现非常优秀。

坦帕队老板非常高兴地说，厄普敦很像队里以前的球星詹姆士，他非常年轻且有天赋，他有可能成为大联盟中又一位耀眼的明星。

身高 2.04 米，体重 82 公斤的厄普敦在棒球五个方面非常有天赋，他的速度极好，73 米跑是年队里最好的成绩。在英国达拉莫的 69 场比赛中，他击球 311 次，创造了 12 次全垒跑，17 次偷垒，36 次打点。由于他的年龄很小，魔鬼队不希望厄普敦在专业方面被击败，在训练和比赛中最令其他队友难忘的是他的敬业精神。

伴随着他的成长，厄普敦穿上了杨基队 2 号战袍，杨基队以 460 万美元将其买走。厄普敦，22 岁的内野手瑞克和 23 岁的左外场手卡尔帮助魔鬼队打破了该队原来的连胜纪录。毫不夸张地说，厄普敦是世界少有的天才球员！

马格努斯·维斯兰德

瑞典手球运动员马格努斯·维斯兰德在 1999 年被评选为世纪最佳手球运动员。

马格努斯·维斯兰德自 1985 年开始代表瑞典队参加国际比赛，到 2004 年退出国家队，这位伟大的手球运动员在 19 年的国家队生涯中，一共参加了 380 多场国际比赛，攻人 1000 粒球。近 20 年间，场均进球 3 粒。

他率领的瑞典国家队，创造了一个接一个的辉煌。1990 年，世界锦标赛冠军，1994 年欧洲冠军，1998 年欧洲冠军，1999 年世界锦标赛冠军，2000 年欧洲冠军，2002 年欧洲冠军。

但是，这只横扫欧洲的劲旅却一再在奥运会赛场失去上帝的眷顾。马格努斯从 1988 年始，参加了 4 届奥运会，离金牌可谓近在咫尺，可惜最终结果都是咫尺天涯。

1988 年，瑞典国家队获得奥运会第五名。1992 年，势如破竹的瑞典败于独联体。1996 年，再次以全胜成绩进入决赛的瑞典，又以 1 分之差败给克罗地亚。2000 年，横扫对手的瑞典又一次杀入决赛，遭遇宿敌俄罗斯队，马格努斯国家队生涯的最后一

瑞典著名手球运动员马格努斯·维斯兰德

战，未能一雪前耻，以 26:28 的微弱差距再次与金牌失之交臂。

安德烈·拉夫洛夫

安德烈·拉夫洛夫绰号"城墙"，被公认为最优秀的守门员，也许是有史以来最优秀的球员。作为手球历史上的传奇人物，他曾经为三个国家获得奥运会金牌。

拉夫洛夫的第一块手球金牌是 1988 年汉城奥运会上代表苏联队获得的。1991 年，苏联解体，拉夫洛夫的第二块金牌，是在 1992 年巴塞罗那奥运会，为立陶宛拿到了男子手球金牌。2000 年，拉夫洛夫的第三块金牌是在 2000 年的悉尼奥运会，代表俄罗斯队参赛，取得冠军。

拉夫洛夫在手球赛场上囊括了所有荣誉。除了奥运金牌之外，拉夫洛夫还获得过两次世界冠军、一次欧洲冠军和多次俱乐部大赛冠军。2001 年，拉夫洛夫理所当然的当选为俄罗斯世纪最佳运动员。

对于自身的成就，拉夫洛夫总是保持谦虚态度："体育就像一种毒品

一样，你用得越多，隐就越大。一旦你拥有了获胜的感觉，你就难以停止下来。只要你可以的话，你就会一直干下去。因为你完全陷进去了。"

杰克森·理查德森

杰克森·理查德森是手球传奇人物。拥有一头骇人长发的杰克森，在 1990 年的法国手球赛上崭露头角。作为职业队员，帮助球队在 1993 年和 1995 年两次赢得法国杯，并在 1994 年和 1996 年获得法国联盟杯。在西班牙，更是帮助球队赢得了欧洲冠军杯。

作为法国国家队队员，从 1988 年被总教练发现，并从这一年开始，为法兰西的荣誉而战后，杰克森·理查德森率领国家队赢得了一系列的荣誉。1992 年奥运会铜牌，1995 年世界锦标赛冠军，1997 年世锦赛季军，2001 年的世界锦标赛冠军，2003 年世锦赛季军。

凭借骄人的成绩，这位法兰西手球传奇人物在 1995 年被选为世界手球先生。

尼古拉·卡拉巴蒂奇

1984 年，卡拉巴蒂奇生于南斯拉夫的一个体育世家，其父布兰科·卡拉巴蒂奇曾为南斯拉夫国家手球队的头号守门员。1988 年，卡拉巴蒂奇一家举家迁至斯特拉斯堡，并开始在法国定居生活，因此获得了法国国籍。

受到父亲的影响，卡拉巴蒂奇从小就表现出对手球运动的热爱。在他五六岁的时候，他就开始一场不落地观看父亲的比赛，有时甚至连父亲的练习也不错过。

在自己的个人网站上卡拉巴蒂奇回忆说："那段时光对我今后的职业生涯起到了很重要的作用。我开始真正地认识手球，并从父亲和他的队友那学到基本的手球知识。"

1990年，6岁的卡拉巴蒂奇加盟了当地的一家少年手球俱乐部，并从此开始书写属于自己的手球篇章。

2000年，年少成名的卡拉巴蒂奇在蒙彼利埃队开始了他的职业生涯，并在当年的赛季就获得了法国杯的冠军。

在蒙彼利埃队效力6年期间，他不但坐稳了主力位置，而且率队获得四次联赛冠军、4次杯赛冠军。2003年，球队还夺得了欧洲冠军联赛的冠军，成就三冠王伟业。卡拉巴蒂奇本人也多次荣膺联赛最佳射手和最佳左内锋。

在法国联赛实现"大满贯"之后，卡拉巴蒂奇2005年转会到德国基尔俱乐部，开始迎接新的挑战。短短三年间，卡拉巴蒂奇就赢得了在德国联赛中能够得到的所有奖项。他高效的进球率和稳定的状态也给自己赢得了"机器"的美誉。

由于在联赛中的抢眼表现，2002年18岁的卡拉巴蒂奇就披上了国家队战袍。而他在国家队中的经历依然可以用一帆风顺来形容。入队首年他就获得了世界杯的冠军。2003、2005年法国队两夺世锦赛季军。2006年法国队又摘得欧锦赛冠军，卡拉巴蒂奇也第一次尝到了欧洲冠军的滋味。

2007年法国队在世锦赛上仅获第四，但是卡拉巴蒂奇被评为赛事最佳左内锋。2008 年初的欧锦赛上，法国队获得铜牌，而卡拉巴蒂奇也荣膺最佳射手和最有价值球员的称号。

卡拉巴蒂奇是个大块头，卡拉巴蒂奇也有大智慧。他不但在球场上表现了出冷静的头脑和敏锐的洞察力，而且还具有惊人的语言天赋，他能流利地使用英、法、德、西、塞尔维亚和克罗地亚六门语言。国际手球联合会称赞这位"智勇双全"的天才为"世界上最为全面的球员"。

如果非要在卡拉巴蒂奇如日中天的职业生涯中找出些许瑕疵的话，那应该就是 2004 年的雅典奥运会了。由于在 1/4 决赛两分惜败俄罗斯，法国队最终只获得第五名。而他自己也因为对手的"重点照顾"而发挥不佳。

卡拉巴蒂奇在回忆这段经历时说："参加奥运会是我儿时的梦想，但是雅典奥运会却成为了我的一次噩梦。当时的法国队拥有出色的阵容，但是我们只得到第五。"

2008 年北京奥运会给了卡拉巴蒂奇又一个"圆梦"的机会。这个集东欧人的严谨和法国人的浪漫于一身的"射门机器"为了自己儿时

卡拉巴蒂奇（持球者）在比赛中

的梦想再次高速地运行起来。而法国队也在这位年仅 24 岁却已征战多年的"老"球员的带领下奋勇"战斗"，最终赢得冠军。

2009 年，法国队获得世界男子手球锦标赛冠军。

2010 年，卡拉巴蒂奇又带领法国队夺得欧洲男子手球锦标赛冠军，称霸欧洲及世界手球坛。2011 年，他又助法国队成功卫冕世界男子手球锦标赛。

PART 12 历史档案

世界棒球锦标赛历届奖牌榜

届数	年份	主办方	参赛队数	冠军	亚军	季军
第一届	1938 年	英国	2	英国	美国	
第二届	1939 年	古巴	3	古巴	尼加拉瓜	美国
第三届	1940 年	古巴	7	古巴	尼加拉瓜	美国
第四届	1941 年	古巴	9	委内瑞拉	古巴	墨西哥
第五届	1942 年	古巴	5	古巴	多米尼加	委内瑞拉
第六届	1943 年	古巴	4	古巴	墨西哥	多米尼加
第七届	1944 年	委内瑞拉	8	委内瑞拉	墨西哥	古巴
第八届	1945 年	委瑞内拉	6	委内瑞拉	哥伦比亚	巴拿马
第九届	1947 年	哥伦比亚	9	哥伦比亚	波多黎各	尼加拉瓜
第十届	1948 年	尼加拉瓜	8	多米尼加	波多黎各	哥伦比亚
第十一届	1950 年	尼加拉瓜	12	古巴	多米尼加	委内瑞拉
第十二届	1951 年	墨西哥	11	波多黎各	委内瑞拉	古巴
第十三届	1952 年	古巴	13	古巴	多米尼加	波多黎各
第十四届	1953 年	委内瑞拉	11	古巴	委内瑞拉	尼加拉瓜
第十五届	1961 年	哥斯达黎加	10	古巴	墨西哥	委内瑞拉
第十六届	1965 年	哥伦比亚	9	哥伦比亚	墨西哥	波多黎各
第十七届	1969 年	多米尼加	11	古巴	美国	多米尼加

第十八届	1970 年	哥伦比亚	12	古巴	美国	波多黎各
第十九届	1971 年	古巴	10	古巴	哥伦比亚	尼加拉瓜
第二十届	1972 年	尼加拉瓜	16	古巴	美国	尼加拉瓜
第二十一届	1973 年	古巴	8	古巴	波多黎各	委内瑞拉
第二十二届	1973 年	尼加拉瓜	11	美国	尼加拉瓜	哥伦比亚
第二十三届	1974 年	美国	9	美国	尼加拉瓜	日本
第二十四届	1976 年	哥伦比亚	11	古巴	波多黎各	韩国
第二十五届	1978 年	意大利	11	古巴	美国	日本
第二十六届	1980 年	日本	12	古巴	韩国	美国
第二十七届	1982 年	韩国	10	韩国	日本	美国
第二十八届	1984 年	古巴	13	古巴	中华台北	中华台北
第二十九届	1986 年	荷兰	12	古巴	韩国	中华台北
第三十届	1988 年	意大利	12	古巴	美国	韩国
第三十一届	1990 年	加拿大	12	古巴	尼加拉瓜	日本
第三十二届	1994 年	尼加拉瓜	16	古巴	韩国	尼加拉瓜
第三十三届	1998 年	意大利	16	古巴	韩国	尼加拉瓜
第三十四届	2001 年	中华台北	16	古巴	美国	中华台北
第三十五届	2003 年	古巴	16	古巴	巴拿巴	日本
第三十六届	2005 年	荷兰	18	古巴	韩国	巴拿马
第三十七届	2007 年	中华台北	16	美国	古巴	日本
第三十八届	2009 年	欧盟	22	美国	古巴	加拿大
第三十九届	2011 年	巴拿马	16	荷兰	古巴	加拿大

世界棒球经典赛历届奖牌榜

届数	年份	决赛地点	参赛队数	冠军	亚军	季军
第一届	2006	美国	16	日本	古巴	韩国、多米尼加
第二届	2009	美国	16	日本	韩国	美国、委内瑞拉
第三届	2013 年	美国	16	多米尼加	波多黎各	日本

历届女子手球世界锦标赛奖牌榜

年份	举办地	金牌	银牌	铜牌
1957 年	南斯拉夫	南斯拉夫	捷克斯洛伐克	匈牙利
1962 年	罗马尼亚	罗马尼亚	丹麦	捷克斯洛伐克
1965 年	联邦德国	匈牙利	南斯拉夫	联邦德国
1971 年	荷兰	民主德国	南斯拉夫	匈牙利
1973 年	南斯拉夫	南斯拉夫	罗马尼亚	前苏联
1975 年	苏联	民主德国	前苏联	匈牙利
1978 年	捷克斯洛伐克	民主德国	前苏联	匈牙利
1982 年	匈牙利	苏联	匈牙利	南斯拉夫
1986 年	荷兰	苏联	捷克斯洛伐克	挪威
1990 年	韩国	苏联	南斯拉夫	东德
1993 年	挪威	德国	丹麦	挪威
1995 年	奥地利/匈牙利	韩国	匈牙利	丹麦
1997 年	德国	丹麦	挪威	德国
1999 年	挪威/丹麦	挪威	法国	奥地利
2001 年	意大利	俄罗斯	挪威	南斯拉夫
2003 年	克罗地亚	法国	匈牙利	韩国
2005 年	俄罗斯	俄罗斯	罗马尼亚	匈牙利
2007 年	法国	俄罗斯	挪威	德国
2009 年	中国	俄罗斯	法国	挪威
2011 年	巴西	挪威	法国	西班牙

历届男子手球世界锦标赛奖牌榜

年份	举办地	金牌	银牌	铜牌
1938 年	德国	德国	奥地利	瑞典
1954 年	瑞典	瑞典	联邦德国	捷克斯洛伐克
1958 年	民主德国	瑞典	捷克斯洛伐克	民主德国
1961 年	联邦德国	罗马尼亚	捷克斯洛伐克	瑞典
1964 年	捷克斯洛伐克	罗马尼亚	瑞典	捷克斯洛伐克
1967 年	瑞典	捷克斯洛伐克	丹麦	罗马尼亚
1970 年	法国	罗马尼亚	民主德国	南斯拉夫
1974 年	民主德国	罗马尼亚	民主德国	南斯拉夫
1978 年	丹麦	联邦德国	前苏联	民主德国
1982 年	联邦德国	前苏联	前南斯拉夫	波兰
1986 年	瑞士	前南斯拉夫	匈牙利	民主德国
1990 年	捷克斯洛伐克	瑞典	前苏联	罗马尼亚
1993 年	瑞典	俄罗斯	法国	瑞典
1995 年	冰岛	法国	克罗地亚	瑞典
1997 年	日本	俄罗斯	瑞典	法国
1999 年	埃及	瑞典	俄罗斯	前南斯拉夫
2001 年	法国	法国	瑞典	前南斯拉夫
2003 年	葡萄牙	克罗地亚	德国	法国
2005 年	突尼斯	西拔牙	克罗地亚	法国
2007 年	德国	德国	波兰	丹麦
2009 年	克罗地亚	法国	克罗地亚	波兰
2011 年	瑞典	法国	丹麦	西班牙
2013 年	西班牙	西班牙	丹麦	克罗地亚